Destino

ESG

Seguindo na Rota da Sustentabilidade Empresarial

Paulo Ehms

MMXXIII

Para solicitações de permissão e feedback entre em contato :

Paulo Ehms@hotmail.com

Conteúdo

Introdução..6

O que é ESG?...6

O Inicio...9

Desafios Empresariais na Era Atual e o Surgimento da
Necessidade do ESG...9

Desafios Inerentes...9

Mudanças Climáticas e Sustentabilidade.....................12

Pressão Social e Diversidade......................................14

A Evolução das Expectativas Sociais...........................14

Governança e Ética nos Negócios...............................16

A Emergência do Conceito ESG...................................18

Por que o ESG?..20

A Evolução da RSC...24

Crises Financeiras e Desastres Ambientais: Catalisadores
para o ESG...30

O ESG como Resposta Transformadora.......................32

Capítulo..36

E..36

Ambiental - Navegando Rumo à Sustentabilidade
Empresarial...36

Desafios e Oportunidades...37

Desafios Ambientais Contemporâneos.........................38

O Papel das Empresas na Preservação Ambiental.........41

Explorando Estratégias Sustentáveis 43

Inovação Ambiental 44

Desafios e Oportunidades...............................46

Oportunidades Emergentes 47

Rumo a uma Sustentabilidade Empresarial
Transformadora 48

Fast Fashion- Quando o efêmero causa problemas
permanentes. 56

Patagonia - O exemplo do ESG na prática.......................59

Capítulo 62

S 62

Resiliência Empresarial: A Aliança Estratégica com a
Diversidade 75

Reflexão Final...77

Para Além da Diversidade, a Jornada para uma Sociedade
Inclusiva 77

O fechamento de fronteiras, Prejudicando a economia e
Dando as costas para a diversidade. 79

O Exemplo de Dallas e seu Racial Equity Plan (REP).......82

Capítulo 85

G..85

Governança para a Sustentabilidade 85

A Busca pela Transparência: Navegando nas Águas da Era
Digital 89

Cultura Ética: A Raiz Profunda da Integridade Empresarial
....95

Reflexão Final..99

Além da Governança - Um Convite à Transformação Ética 99

O Colapso Ético 101

O Caso Lehman Brothers e a Sombra da Ganância Desenfreada 101

PUMA 103

O Paradigma da Governança Responsável e Sustentável 103

Conclusão 106

Navegando Rumo a um Futuro Sustentável 106

Glossário 109

Epílogo 112

Implementando ESG na Prática 112

Introdução

No coração da era empresarial contemporânea, um conceito ganha força como um farol a guiar as organizações em direção a um futuro mais sustentável: ESG, que engloba os pilares Ambiental, Social e de Governança. Este livro, intitulado "Destino ESG: Seguindo na Rota da Sustentabilidade Empresarial", mergulha fundo na essência dessa abordagem transformadora que não apenas redireciona as práticas comerciais, mas redefine o propósito e a responsabilidade das empresas no cenário global.

O que é ESG?

A sigla em inglês ESG representa a sustentabilidade ambiental, social e de governança corporativa (Environmental, Social and Governance) nas empresas. ESG refere-se a critérios que abrangem a maneira como as empresas gerenciam os aspectos ambientais, sociais e de governança em suas operações. O componente **Ambiental** trata das práticas sustentáveis, eficiência energética e responsabilidade em relação à biodiversidade. O aspecto **Social** aborda questões de diversidade, igualdade e justiça social, enquanto o pilar de **Governança** se concentra na transparência, ética e na forma como as empresas são geridas.

A Importância para Empresas de Qualquer Porte

Independentemente do porte, indústria ou localização geográfica, empresas agora enfrentam uma pressão crescente para incorporar os princípios ESG em seus modelos de negócios. A razão é clara: além de ser uma resposta moral à crescente consciência global sobre questões ambientais e sociais, a adoção do ESG tornou-se uma necessidade estratégica para garantir a viabilidade a longo prazo das empresas.

Sustentabilidade não é mais apenas um diferencial competitivo; é agora uma vantagem crucial. Empresas que adotam práticas ESG são percebidas como líderes conscientes, ganhando a preferência de consumidores cada vez mais atentos à responsabilidade corporativa. A sustentabilidade tornou-se uma vantagem competitiva que não apenas ressoa com os valores do mercado, mas também demonstra uma resiliência empresarial fundamental.

Os critérios ESG promovem uma abordagem proativa em relação aos desafios emergentes, seja em termos ambientais, sociais ou de governança. Empresas preparadas para lidar com esses desafios demonstram resiliência, traduzindo-se em estabilidade financeira e reputacional.

Investidores também estão direcionando recursos para empresas que incorporam práticas ESG. Essa tendência não apenas reflete uma mudança nos valores do mercado, mas destaca a capacidade dessas empresas de gerar retornos sustentáveis a longo prazo.

À medida que exploramos as páginas deste livro, embarcaremos em uma jornada pela intricada rede de práticas e princípios que compõem o ESG. Descobriremos histórias de empresas que transformaram seus destinos ao adotar uma mentalidade sustentável. Este não é apenas um livro sobre negócios; é uma narrativa sobre a evolução de empresas que escolheram trilhar o caminho da sustentabilidade, reconhecendo que, ao fazê-lo, estão moldando não apenas seu próprio futuro, mas também o do nosso planeta.

Prepare-se para explorar as estratégias, desafios e triunfos de empresas que decidiram não apenas seguir na rota da sustentabilidade empresarial, mas também moldar ativamente o destino que desejam alcançar.

O Inicio

Desafios Empresariais na Era Atual e o Surgimento da Necessidade do ESG

Num mundo cada vez mais interconectado e dinâmico, as empresas enfrentam uma série de desafios complexos e multifacetados. Desde a crescente consciência ambiental até as demandas por maior transparência e ética nos negócios, as pressões sobre as organizações modernas são mais intensas do que nunca.

Desafios Inerentes

Mudanças Climáticas e Sustentabilidade: As mudanças climáticas emergiram como um desafio urgente, forçando as empresas a reavaliarem suas práticas e a assumirem a responsabilidade por seu impacto no meio ambiente. A busca por sustentabilidade não é apenas uma escolha ética, mas uma resposta essencial para enfrentar a crise climática.

Pressão Social e Diversidade: A sociedade moderna exige mais do que produtos e lucros; ela demanda responsabilidade social corporativa. Empresas são agora avaliadas não apenas pelos produtos que oferecem, mas também pela maneira como tratam seus funcionários, contribuem para comunidades locais e promovem a diversidade e inclusão.

Governança e Ética nos Negócios: Escândalos corporativos e falhas éticas abalaram a confiança do público nas instituições empresariais. A necessidade de uma governança sólida e ética nunca foi tão crucial, não apenas para atender às expectativas do mercado, mas também para manter a integridade e a estabilidade interna.

O Contexto para o Surgimento do ESG

O ESG surge como uma resposta a esses desafios, uma abordagem abrangente que transcende os tradicionais modelos de negócios voltados apenas para o lucro. Trata-se de reconhecer que empresas não operam em um vácuo, mas sim em comunidades, ecossistemas e sociedades que são afetados por suas ações.

A Evolução das Expectativas Sociais: À medida que as expectativas sociais evoluem, as empresas são chamadas a serem agentes de mudança positiva. A pressão da sociedade por mais responsabilidade e impacto social está redefinindo o papel das empresas na construção de um mundo mais equitativo.

A Urgência da Sustentabilidade Empresarial: Com o aumento das ameaças ambientais, a sustentabilidade não é mais uma escolha, mas uma necessidade. Empresas que ignoram essa realidade enfrentam não apenas desafios regulatórios, mas também o risco de perderem relevância no mercado.

Reconhecendo o Valor a Longo Prazo: O ESG não é apenas sobre cumprir regulamentações; é uma visão de negócios que reconhece a importância do valor a longo prazo. Empresas que incorporam práticas ESG estão se posicionando para prosperar não apenas hoje, mas também nas décadas que virão.

Ao adentrarmos mais fundo nesse capítulo, exploraremos como esses desafios moldaram o cenário empresarial atual e como o ESG surge como uma resposta holística para conduzir as empresas na rota da sustentabilidade em um mundo em constante transformação.

Em meio ao ritmo acelerado do século XXI, as empresas enfrentam desafios prementes que vão além das tradicionais preocupações financeiras. Um desses desafios de peso é o impacto das mudanças climáticas, uma realidade inescapável que não só redefine os limites do ambiente de negócios, mas também exige uma abordagem radicalmente diferente.

Mudanças Climáticas e Sustentabilidade

A Emergência da Crise Climática: À medida que testemunhamos eventos climáticos extremos e seus efeitos devastadores em escala global, torna-se evidente que a crise climática não é um problema do futuro, mas do presente. Empresas estão agora confrontando as consequências tangíveis de um planeta em desequilíbrio.

Práticas Sustentáveis como Imperativo: A resposta a essa crise está intrinsecamente ligada à prática da sustentabilidade. Não se trata apenas de uma tendência passageira, mas de uma mudança fundamental na forma como as empresas operam. A adoção de práticas sustentáveis não é mais uma escolha; é uma necessidade para mitigar os impactos negativos e construir um futuro mais estável.

Reconhecendo a Interconexão: Empresas não podem mais operar em isolamento. A interconexão entre suas operações e o meio ambiente é clara, e as consequências das ações empresariais reverberam globalmente. A compreensão dessa interdependência é o primeiro passo para enfrentar as mudanças climáticas de maneira significativa.

Sustentabilidade Além da Imagem Corporativa

Ganhando a Confiança dos Consumidores: A sustentabilidade não é apenas sobre salvar o planeta; é também sobre conquistar a confiança dos consumidores modernos. As escolhas de compra agora são moldadas pela responsabilidade social corporativa, e empresas que abraçam práticas sustentáveis são percebidas como parceiras na construção de um futuro melhor.

Inovação como Resposta: Encarar os desafios climáticos não é apenas uma questão de conformidade; é uma oportunidade para inovação. Empresas que buscam soluções criativas para reduzir sua pegada ambiental não apenas atendem às demandas da sociedade, mas também posicionam-se como líderes em seus setores.

Resiliência Empresarial: A sustentabilidade não é apenas uma escolha ética, mas uma estratégia empresarial sólida. Empresas que integram a sustentabilidade em sua cultura organizacional demonstram resiliência diante das incertezas associadas às mudanças climáticas, garantindo não apenas a continuidade, mas também a prosperidade.

Ao desvendar as complexidades desse desafio crucial, mergulhamos na interseção das mudanças climáticas e sustentabilidade, explorando como as empresas, independentemente do tamanho ou setor, são chamadas a repensar e redefinir seus papéis em relação a um planeta em transformação. Este é o ponto de partida para compreender por que o ESG se tornou uma necessidade premente nas estratégias empresariais modernas.

Pressão Social e Diversidade

A Evolução das Expectativas Sociais

Em um cenário onde as vozes da sociedade se tornam cada vez mais amplificadas, as empresas não podem mais operar em um vácuo, alheias às demandas e expectativas de uma comunidade global conectada. A pressão social contemporânea transcende a simples busca por produtos e lucros, abraçando a necessidade de responsabilidade social corporativa.

Redefinindo o Papel das Empresas: As expectativas sociais evoluíram, agora transcendendo a mera entrega de bens e serviços. Empresas são, cada vez mais, vistas como agentes de mudança positiva, sendo avaliadas não apenas pelo que produzem, mas também pelo impacto que geram em comunidades e na sociedade em geral.

Responsabilidade Ampliada: A pressão social redefine a responsabilidade das empresas, expandindo o escopo para além do retorno financeiro. Agora, espera-se que as organizações contribuam ativamente para a construção de um mundo mais justo, equitativo e inclusivo.

A Urgência da Diversidade e Inclusão

Além de uma Mera Estratégia de Marketing: A diversidade não é mais apenas uma estratégia de marketing; tornou-se um imperativo ético e empresarial. Empresas são desafiadas a criar ambientes de trabalho que celebrem a diversidade em todas as suas formas, reconhecendo que equidade e inclusão não são apenas conceitos da moda, mas a base para uma cultura organizacional robusta.

Refletindo a Diversidade Global: Em um mundo cada vez mais interconectado, empresas devem refletir a diversidade global em suas estruturas internas. A inclusão não é apenas uma questão de justiça social, mas também de maximizar o potencial criativo e inovador de equipes formadas por indivíduos diversos.

Os Benefícios de Abraçar a Diversidade

Atraindo Talentos e Consumidores: Empresas que abraçam a diversidade atraem uma força de trabalho mais talentosa e também cativam consumidores que buscam apoiar marcas alinhadas com valores de inclusão e igualdade.

Estímulo à Inovação: A diversidade de perspectivas estimula a inovação. Empresas que promovem ambientes inclusivos estão melhor posicionadas para enfrentar desafios complexos e desenvolver soluções criativas.

Resiliência Empresarial: A diversidade não é apenas uma expressão de responsabilidade social, mas também uma estratégia para construir empresas resilientes. Times diversos são mais capazes de enfrentar desafios de maneira abrangente, respondendo de forma mais eficaz às demandas variadas do mercado, evidenciando as complexidades da pressão social contemporânea e a necessidade premente de diversidade e inclusão nas empresas. uma vantagem estratégica no mundo dos negócios modernos.

Governança e Ética nos Negócios

Escândalos Corporativos e a Necessidade de Mudança

Em um ambiente empresarial que está constantemente sob escrutínio público, a governança e ética nos negócios tornaram-se pilares fundamentais para construir e manter a confiança. Escândalos corporativos do passado serviram como alerta, destacando a necessidade crítica de instituir práticas que transcendam o mero cumprimento de regulamentações.

Redefinindo a Confiança Empresarial: A confiança, uma vez perdida, é difícil de recuperar. Escândalos envolvendo práticas antiéticas e má governança afetam não apenas a reputação da empresa, mas também a confiança geral no ambiente de negócios. A reconstrução dessa confiança requer uma abordagem proativa em direção à governança sólida e à ética nos negócios.

A Busca pela Transparência: A era digital trouxe consigo uma demanda crescente por transparência. Os consumidores e investidores modernos exigem acesso a informações claras e detalhadas sobre como as empresas operam, desde a tomada de decisões até as práticas contábeis.

O Papel Fundamental da Boa Governança

Tomada de Decisões Estratégicas: A governança eficaz não é apenas uma formalidade; é um componente essencial na tomada de decisões estratégicas. Empresas com estruturas de governança sólidas estão melhor posicionadas para enfrentar os desafios dinâmicos do ambiente de negócios e tomar decisões que beneficiem todas as partes interessadas.

Transparência e Accountability: A transparência não é apenas uma resposta à pressão pública, mas uma demonstração de responsabilidade e accountability. Empresas que adotam uma abordagem transparente em sua governança não apenas cumprem regulamentações, mas também constroem relacionamentos duradouros com clientes, funcionários e investidores.

Ética como Fundamento Empresarial

Cultura Ética: A ética nos negócios não é uma caixa a ser marcada; é uma cultura a ser cultivada. Empresas éticas promovem uma mentalidade que valoriza a integridade e a responsabilidade em todos os níveis, não se detendo ao simples cumprimento de regras.

Impacto Além dos Resultados Financeiros: A ética nos negócios não se limita a uma estratégia para evitar escândalos. Ela cria um impacto positivo que reflete nos resultados financeiros e influencia a satisfação dos funcionários, a lealdade do cliente e a percepção positiva da marca.

A governança sólida e a ética nos negócios são elementos cruciais na construção de empresas resilientes e confiáveis. À medida que nos aprofundamos nesses aspectos, compreendemos por que as práticas de governança e ética são extremamente fundamentais para o sucesso perene das empresas na atualidade.

A Emergência do Conceito ESG

O Nascimento do ESG: Raízes Históricas

O conceito de ESG (Ambiental, Social e Governança) tem suas raízes em movimentos sociais e preocupações ambientais que remontam ao final do século XX. O ativismo ambiental, a busca por responsabilidade social corporativa e a necessidade de uma governança mais transparente foram impulsionadores iniciais que pavimentaram o caminho para a formalização do ESG.

Década de 1960-1970: Movimentos Sociais e Ambientais: A década de 1960 foi marcada por movimentos sociais significativos, incluindo os direitos civis e a conscientização ambiental. O livro "Silent Spring" de Rachel Carson, publicado em 1962, destacou os impactos ambientais adversos do uso indiscriminado de pesticidas, catalisando o movimento ambientalista.

1990: Responsabilidade Social Corporativa (RSC): Durante a década de 1990, a Responsabilidade Social Corporativa (RSC) começou a ganhar destaque. Empresas começaram a reconhecer a importância de contribuir para o bem-estar social, além de buscar lucros. Essa mudança de paradigma marcou o início da inclusão de considerações sociais nas estratégias empresariais.

2004: Kofi Annan e os Princípios do Pacto Global: O Pacto Global das Nações Unidas, lançado em 2000 e liderado pelo então Secretário-Geral Kofi Annan, incentivou empresas a adotarem princípios relacionados aos direitos humanos, trabalho, meio ambiente e anticorrupção. Os Princípios do Pacto Global contribuíram para a integração de preocupações sociais e ambientais nas estratégias corporativas.

2005: Investimentos Socialmente Responsáveis (ISR): O crescimento dos Investimentos Socialmente Responsáveis (ISR) reflete a crescente demanda por estratégias de investimento que considerem o retorno financeiro e o impacto social e ambiental das empresas. Isso impulsionou as empresas a aprimorar suas práticas de ESG para atrair investidores comprometidos com critérios mais amplos.

Crises Financeiras e Desastres Ambientais: Catalisadores para o ESG

2008: Crise Financeira Global: A crise financeira de 2008 foi um divisor de águas, destacando as fragilidades nas práticas de governança e ética nos negócios. Isso levou a um aumento no escrutínio sobre a transparência e a responsabilidade das empresas.

Década de 2010: Desastres Ambientais e a Ascensão do ESG: Desastres ambientais, como o vazamento de petróleo Deepwater Horizon em 2010, ressaltaram a necessidade urgente de considerações ambientais nas operações empresariais. Esses eventos, combinados com uma crescente consciência social, contribuíram para a consolidação do ESG como um conceito integral.

Por que o ESG?

O ESG surgiu como uma resposta pragmática aos desafios que as empresas enfrentam na sociedade moderna. À medida que as expectativas sociais evoluem, as empresas percebem a importância estratégica de adotar práticas que transcendam a mera maximização de lucros. A integração de critérios ESG não é apenas uma resposta à pressão externa; é uma estratégia para construir empresas mais resilientes, éticas e socialmente responsáveis.

Aqui exploramos a trajetória histórica que culminou no surgimento do conceito de ESG, destacando os eventos e movimentos que moldaram essa abordagem holística para os negócios. À medida que avançamos, compreenderemos melhor por que o ESG se tornou uma necessidade imperativa para empresas que buscam não apenas sobreviver, mas prosperar em um ambiente empresarial em constante evolução.

Na década de 1960, o mundo estava imerso em uma atmosfera de mudanças radicais e movimentos sociais que buscavam desafiar as normas estabelecidas e promover a igualdade e a consciência ambiental. Este foi um período transformador, moldado por eventos que ecoariam por décadas, inclusive na maneira como as empresas compreenderiam e abordariam questões ambientais.

Movimentos Sociais e Direitos Civis

Direitos Civis: Uma Onda de Mudanças

Os anos 60 foram marcados por um fervoroso movimento pelos direitos civis, principalmente nos Estados Unidos, onde ativistas lutavam por igualdade racial e justiça. Líderes como Martin Luther King Jr. encabeçaram manifestações e discursos impactantes, buscando acabar com a segregação racial e promover a equidade.

Conscientização Ambiental: O Despertar para a Natureza Fragilizada

Paralelamente, um movimento igualmente significativo estava ganhando força: a conscientização ambiental. O livro "Silent Spring" de Rachel Carson, lançado em 1962, emergiu como um farol de alerta, destacando os efeitos nocivos do uso desenfreado de pesticidas, especialmente o DDT, na saúde humana e no meio ambiente.

"Silent Spring": Uma Chamada para a Ação

O Impacto do Livro de Rachel Carson

"Silent Spring" foi um divisor de águas. Carson não apenas expôs os perigos dos pesticidas, mas também desafiou diretamente a indústria química e as agências reguladoras. Seu trabalho corajoso mostrou como as atividades humanas estavam causando danos irreversíveis à natureza, incluindo a morte de pássaros e outros animais, e alertou sobre as consequências para a saúde humana.

Catalisando o Movimento Ambientalista

O impacto de "Silent Spring" foi imenso. A obra influenciou a opinião pública, provocou debates acalorados e, crucialmente, catalisou o movimento ambientalista moderno. A sociedade começou a questionar a relação entre a atividade humana e os danos ao meio ambiente, uma conscientização que se traduziria em demandas crescentes por mudanças nas práticas industriais e políticas ambientais.

Legado Duradouro e Mudanças Culturais

Mudanças na Legislação e Consciência Pública

O clamor provocado por "Silent Spring" levou a uma reação legislativa significativa. Em 1972, os Estados Unidos proibiram o uso do pesticida DDT. Além disso, o livro desempenhou um papel fundamental na criação da Agência de Proteção Ambiental (EPA) dos EUA em 1970, evidenciando a influência direta da conscientização pública nas políticas ambientais.

A Ascensão da Ecologia e da Responsabilidade Ambiental

O movimento ambientalista dos anos 60 lançou as bases para a emergência da ecologia como uma disciplina científica e para uma mudança cultural em que a responsabilidade ambiental tornou-se um critério fundamental para avaliar o comportamento das empresas e a adequação das políticas governamentais.

Assim, a década de 1960-1970 não apenas testemunhou movimentos sociais e direitos civis, mas também sinalizou o despertar de uma consciência ambiental global. "Silent Spring" foi um farol que iluminou o caminho para a compreensão de que as ações humanas têm impactos profundos no meio ambiente, estabelecendo uma base crucial para a ascensão posterior do ESG como uma abordagem holística para os negócios e investimentos.

1990: Responsabilidade Social Corporativa (RSC)

O Paradigma Empresarial em Transformação

À medida que adentrávamos a década de 1990, uma mudança fundamental estava ocorrendo no mundo dos negócios. O enfoque exclusivo na maximização de lucros estava cedendo espaço a uma abordagem mais ampla, onde as empresas reconheciam a importância de contribuir para o bem-estar social. Era o surgimento da Responsabilidade Social Corporativa (RSC), uma mudança de paradigma que deixaria uma marca duradoura no mundo dos negócios.

Além dos Lucros

Ampliando o Propósito Empresarial: Empresas começaram a compreender que seu papel ultrapassava a mera busca por lucros. A sociedade estava demandando mais. A RSC representou a percepção de que as empresas têm uma responsabilidade mais ampla, não apenas para com os acionistas, mas também para com os funcionários, comunidades e o meio ambiente.

Considerações Sociais nas Estratégias Empresariais: Pela primeira vez, considerações sociais foram formalmente incluídas nas estratégias empresariais. A ideia de que as empresas poderiam ser agentes de mudança positiva ganhava terreno. Questões como ética nos negócios, filantropia corporativa e práticas de trabalho éticas começaram a ser incorporadas nas tomadas de decisão corporativas.

A Evolução da RSC

Consciência Ambiental em Ascensão: A década de 1990 testemunhou uma crescente consciência ambiental. Empresas começaram a perceber que sua responsabilidade social não poderia ser desvinculada dos impactos ambientais de suas operações. A inclusão de práticas ambientais sustentáveis tornou-se parte integrante da RSC.

Impulso para a Transparência: A RSC também impulsionou a necessidade de transparência nas ações corporativas. As empresas passaram a divulgar informações sobre suas práticas sociais e ambientais, reconhecendo que a transparência não era apenas uma resposta à pressão pública, mas uma prática fundamental para construir e manter a confiança.

O Legado da RSC e a Preparação para o ESG

RSC como Precursora do ESG

Crescimento da Consciência Social: A adoção crescente da RSC preparou o terreno para a aceitação de conceitos mais amplos, como o ESG. A sociedade começou a valorizar empresas que não apenas entregavam produtos e serviços de qualidade, mas que também se comprometiam com a responsabilidade social em todas as suas operações.

A Influência nas Expectativas dos Consumidores: A RSC moldou as expectativas dos consumidores, que passaram a preferir empresas socialmente responsáveis. Esse poder de escolha dos consumidores desempenhou um papel vital na ascensão do ESG, à medida que as empresas perceberam a importância de alinhar suas práticas aos valores de uma sociedade em evolução.

A década de 1990, portanto, representou não apenas a ascensão da RSC, mas também uma mudança paradigmática em como as empresas percebiam seu papel na sociedade. Essa evolução preparou o terreno para a próxima fase, onde as considerações ambientais, sociais e de governança seriam integradas de maneira mais holística no conceito moderno de ESG.

Anos 2000: Formalização do ESG como Conceito Integrado

2004: Kofi Annan e os Princípios do Pacto Global

À medida que a nova década se desdobrava, um marco crucial para a formalização do ESG estava prestes a ocorrer. Em 2000, o Pacto Global das Nações Unidas foi lançado, inaugurando uma era em que as empresas seriam chamadas a adotar princípios éticos e responsáveis em suas operações. Essa iniciativa, liderada pelo então Secretário-Geral Kofi Annan, não apenas incentivou, mas também exigiu que as empresas considerassem cuidadosamente seu impacto social e ambiental nas estratégias corporativas.

O Pacto Global e seus Princípios Fundamentais

Um Chamado à Ação Global: O Pacto Global surgiu como um chamado à ação global, convocando empresas a alinharem suas operações com valores fundamentais nas áreas de direitos humanos, trabalho, meio ambiente e anticorrupção. A visão por trás do pacto era clara: promover uma forma mais ética e sustentável de fazer negócios em todo o mundo.

Direitos Humanos e Trabalho Digno: Os princípios do Pacto Global enfatizaram a importância dos direitos humanos e do trabalho digno. Empresas foram instadas a respeitar os direitos fundamentais de seus colaboradores, promovendo ambientes de trabalho justos e equitativos.

Compromisso Ambiental: A integração das preocupações ambientais foi um elemento central. Empresas foram encorajadas a adotar práticas ambientalmente sustentáveis, reconhecendo a interconexão entre suas operações e o estado do planeta.

Combate à Corrupção: A transparência e a integridade nos negócios ganharam destaque, com empresas sendo orientadas a combater a corrupção em todas as suas formas. Esse princípio visava criar ambientes de negócios éticos e íntegros.

Contribuição para a Integração do ESG

Impacto na Governança Corporativa: Os Princípios do Pacto Global tiveram um impacto significativo na governança corporativa, estabelecendo um padrão global para a condução ética dos negócios. A partir desse momento, a boa governança deixou de ser uma escolha e passou a ser uma expectativa global.

Incentivo à Sustentabilidade Empresarial: O Pacto Global foi um catalisador para a sustentabilidade empresarial, pressionando empresas a considerarem não apenas o lucro imediato, mas também o impacto a longo prazo de suas operações no mundo.

ESG como Desdobramento Natural

A formalização dos Princípios do Pacto Global foi um desdobramento natural em direção ao ESG. À medida que as empresas adotavam esses princípios, percebiam que a integração de considerações ambientais, sociais e de governança não era apenas uma escolha ética, mas uma estratégia essencial para prosperar em um mundo cada vez mais interconectado.

Esse marco histórico solidificou o caminho para a consolidação do ESG como um conceito integrado, refletindo a compreensão de que o sucesso empresarial está intrinsecamente ligado ao bem-estar da sociedade e do planeta.

2005: Investimentos Socialmente Responsáveis (ISR)

O ano de 2005 marcou um ponto crucial na evolução do cenário financeiro global com o crescente reconhecimento dos Investimentos Socialmente Responsáveis (ISR). Essa abordagem inovadora em investimentos alterou a dinâmica do mercado e também desempenhou um papel crucial no impulsionamento da adoção generalizada de práticas relacionadas ao ESG.

O Surgimento dos Investimentos Socialmente Responsáveis (ISR)

Além dos Números Financeiros: O ISR representou uma mudança fundamental na mentalidade dos investidores. Tradicionalmente, o foco estava predominantemente nos retornos financeiros. No entanto, em 2005, houve um reconhecimento crescente de que o sucesso financeiro das empresas não deveria ser avaliado isoladamente.

Considerando o Impacto Social e Ambiental: A essência do ISR reside na consideração do impacto social e ambiental das empresas. Investidores passaram a buscar não apenas lucratividade, mas também a contribuição positiva das empresas para a sociedade e o meio ambiente.

Impulsionando as Práticas de ESG

Aprimoramento das Práticas Empresariais: A crescente demanda por investimentos socialmente responsáveis serviu como um catalisador para as empresas aprimorarem suas práticas de ESG. Para atrair investidores comprometidos com critérios mais amplos, as empresas foram incentivadas a adotar abordagens mais holísticas em relação ao meio ambiente, à responsabilidade social e à governança.

Transparência como Diferencial Competitivo: Empresas que adotaram uma postura transparente em relação às suas práticas ESG encontraram-se em uma posição mais competitiva. Investidores socialmente conscientes valorizavam a transparência, e as empresas perceberam que a divulgação clara de suas ações nesses domínios não apenas atendia às expectativas do mercado, mas também era um diferencial positivo.

A Integração do ESG no DNA Empresarial

Mudança Cultural nas Empresas: A influência do ISR foi além dos mercados financeiros, penetrando na cultura empresarial. Empresas começaram a perceber que a integração de práticas sustentáveis não era apenas uma resposta a pressões externas, mas uma estratégia essencial para a sustentabilidade a longo prazo.

Atração de Investidores Comprometidos: À medida que mais investidores buscavam alinhar seus portfólios com valores éticos e sustentáveis, as empresas perceberam a importância de adotar práticas de ESG não apenas como um requisito ético, mas como uma maneira de atrair investidores comprometidos com critérios mais amplos.

O ISR como Ponte para o Reconhecimento Global do ESG

O crescimento dos Investimentos Socialmente Responsáveis em 2005 serviu como uma ponte fundamental para o reconhecimento global do ESG. À medida que as empresas respondiam à demanda por práticas mais éticas e sustentáveis, consolidava-se a compreensão de que a integração de critérios ambientais, sociais e de governança era não apenas benéfica, mas imperativa para o sucesso e a relevância nos mercados financeiros e empresariais modernos.

Crises Financeiras e Desastres Ambientais: Catalisadores para o ESG

2008: Crise Financeira Global

O ano de 2008 ficou marcado na história como um ponto de virada, não apenas para os mercados financeiros, mas também para a forma como as empresas eram percebidas em termos de governança e ética nos negócios. A crise financeira global revelou fragilidades profundas no sistema econômico, levando a uma reavaliação crítica das práticas empresariais em todo o mundo.

Divisor de Águas na Governança e Ética Empresarial

Exposição de Falhas no Sistema: A crise financeira expôs falhas significativas no sistema econômico global. Grandes instituições financeiras foram afetadas, destacando práticas arriscadas, falta de supervisão e a prevalência de estruturas de governança inadequadas.

Escassez de Transparência e Responsabilidade: Um dos aspectos mais evidentes durante a crise foi a falta de transparência e responsabilidade nas práticas empresariais. Muitas empresas não foram capazes de fornecer uma visão clara de seus ativos, passivos e riscos, revelando uma lacuna crítica na governança corporativa.

Aumento no Escrutínio e na Exigência de Transparência

Chamada para Maior Transparência: A crise financeira agiu como uma chamada para uma maior transparência nas operações corporativas. Investidores, reguladores e o público em geral passaram a exigir uma compreensão mais profunda das práticas internas das empresas, especialmente em relação aos riscos financeiros.

Reconhecimento da Importância da Ética Empresarial: Além da transparência, a crise ressaltou a importância da ética nos negócios. Práticas arriscadas e decisões impulsivas levaram a consequências graves, destacando a necessidade crítica de integridade e ética nas tomadas de decisão empresariais.

Impulso para a Adoção Generalizada do ESG

Nascimento do ESG como Resposta: A crise de 2008 foi um catalisador significativo para o surgimento do ESG como uma abordagem mais holística para os negócios. Empresas começaram a perceber que a sustentabilidade não era apenas uma questão ética, mas uma estratégia essencial para mitigar riscos financeiros e construir resiliência.

Inclusão de Considerações Ambientais, Sociais e de Governança: Como resposta à crise, as empresas começaram a integrar considerações ambientais, sociais e de governança em suas estratégias centrais. O ESG não era mais uma tendência periférica, mas uma necessidade imperativa para garantir a estabilidade e a confiança nos mercados.

O ESG como Resposta Transformadora

A crise financeira de 2008 serviu como um despertar para a necessidade de uma abordagem mais abrangente nos negócios. O ESG emergiu como a resposta transformadora, proporcionando às empresas um caminho para reconstruir a confiança, fortalecer suas práticas de governança e ética, e posicionar-se como agentes de mudança positiva em um ambiente empresarial em constante evolução.

Década de 2010: Desastres Ambientais e a Ascensão do ESG

Desastres Ambientais: Um Chamado à Responsabilidade

Na década de 2010, a humanidade testemunhou desastres ambientais impactantes, cujas reverberações foram sentidas não apenas na natureza, mas também nos corredores empresariais. Entre esses eventos, o vazamento de petróleo da Deepwater Horizon, em 2010, destacou a urgência de considerações ambientais nas operações empresariais.

Deepwater Horizon e Suas Consequências

O Desastre da Deepwater Horizon: O vazamento de petróleo da Deepwater Horizon foi uma tragédia ambiental de proporções significativas. Milhões de barris de petróleo foram despejados no Golfo do México, resultando em danos devastadores à vida marinha, ecossistemas costeiros e à indústria pesqueira local.

Impacto nas Empresas e na Reputação: Além dos danos ambientais, o desastre teve repercussões diretas nas empresas envolvidas. A BP, operadora da plataforma, enfrentou impactos financeiros significativos e uma perda substancial de reputação.

Necessidade Urgente de Considerações Ambientais: O vazamento da Deepwater Horizon não foi um incidente isolado. Juntamente com outros desastres ambientais da década, como vazamentos de produtos químicos tóxicos e desmatamento em larga escala, destacou-se a urgência de considerações ambientais nas operações empresariais.

Crescente Consciência Social: A sociedade estava se tornando cada vez mais consciente dos impactos ambientais das atividades corporativas. As redes sociais e a mídia deram voz a uma narrativa global, aumentando a pressão sobre as empresas para que fossem responsáveis não apenas pelos lucros, mas também pelos impactos ambientais de suas operações.

Consolidação do ESG como Conceito Integral

Integração de Considerações ESG: Os desastres ambientais da década de 2010 catalisaram a consolidação do ESG como um conceito integral. Empresas passaram a reconhecer que não podiam mais operar à margem das considerações ambientais, sociais e de governança. A integração desses princípios tornou-se essencial para a sustentabilidade dos negócios.

Pressão de Stakeholders: Os stakeholders, incluindo investidores, clientes e comunidades afetadas, intensificaram a pressão por práticas mais éticas e sustentáveis. Empresas que ignoravam essas considerações enfrentavam não apenas riscos ambientais, mas também riscos financeiros e de reputação.

ESG como Resposta à Imperatividade Ambiental

Os desastres ambientais da década de 2010 foram um chamado de atenção para a necessidade premente de considerações ambientais nas práticas empresariais. A ascensão do ESG como um conceito integral foi a resposta da comunidade empresarial para enfrentar esses desafios e construir uma abordagem mais sustentável e responsável para os negócios no século XXI.

Capítulo

E

(Environmental)

Ambiental - Navegando Rumo à Sustentabilidade Empresarial

Na busca incessante por modelos de negócios responsáveis e sustentáveis, o capítulo "E" faz alusão a ambiental e é a entrada no conceito de ESG no nosso livro ele desbrava o vasto território das considerações ambientais nas operações empresariais. Nos meandros deste capítulo, exploraremos a crescente importância de políticas e práticas que promovam a preservação do meio ambiente, proporcionando não apenas um olhar crítico sobre os desafios atuais, mas também apontando direções promissoras para a construção de um futuro empresarial mais ecológico.

Rumo à Consciência Ambiental

Entendendo a Complexidade do Ambiente Empresarial

Desafios Ambientais Contemporâneos: Os desafios enfrentados pelas empresas no contexto ambiental, desde as mudanças climáticas até a gestão responsável de recursos naturais. Destacam a urgência de ações para mitigar os impactos negativos e contribuir para a saúde e sustentabilidade do planeta.

O Papel das Empresas na Preservação Ambiental: Examina-se o papel transformador que as empresas podem desempenhar na preservação do meio ambiente. Analisaremos iniciativas inovadoras e melhores práticas que buscam equilibrar o crescimento econômico com a conservação dos recursos naturais.

Explorando Estratégias Sustentáveis

Abordagens Inovadoras e Práticas Exemplares

Sustentabilidade como Estratégia de Negócios: Adentramos a esfera da sustentabilidade como uma estratégia fundamental para a viabilidade a longo prazo dos negócios. Examinaremos casos de sucesso que mostram como empresas estão integrando práticas ambientais em seus modelos de negócios.

Inovação Ambiental: Exploraremos inovações tecnológicas e práticas disruptivas que estão impulsionando a agenda ambiental nas empresas. Da eficiência energética à economia circular, examinaremos como as organizações estão adotando abordagens inovadoras para minimizar seu impacto no meio ambiente.

Desafios e Oportunidades

Navegando em Águas Desafiadoras

Regulações Ambientais e Compliance: Analisaremos o panorama regulatório, discutindo as complexidades e oportunidades que as empresas enfrentam em termos de conformidade com normas ambientais. Como as regulamentações moldam as práticas empresariais e como as empresas podem ir além do mero cumprimento para liderar em termos de sustentabilidade?

Resiliência Empresarial e Meio Ambiente: Discutiremos a relação entre a resiliência empresarial e as práticas ambientais. Como a consideração ambiental contribui para a resiliência de longo prazo das empresas em face de mudanças climáticas e outros desafios ambientais?

Ao longo deste capítulo, convidamos os leitores a refletirem sobre como as empresas podem ser catalisadoras de mudanças positivas, transformando desafios ambientais em oportunidades para prosperar de maneira responsável e sustentável.

Desafios Ambientais Contemporâneos

Na jornada rumo à sustentabilidade empresarial, é essencial confrontar os desafios ambientais contemporâneos que moldam o cenário corporativo. Estes desafios não são meras adversidades; são chamados urgentes para a ação, convocando as empresas a repensarem fundamentalmente suas práticas e estratégias para garantir a preservação do meio ambiente. Vamos explorar alguns dos desafios prementes que permeiam o cenário ambiental contemporâneo.

Mudanças Climáticas:

As mudanças climáticas emergem como um dos desafios mais prementes de nosso tempo. O aumento das emissões de gases de efeito estufa impulsiona eventos climáticos extremos, elevação do nível do mar e ameaças à biodiversidade. As empresas, como grandes impulsionadoras dessas emissões, enfrentam a responsabilidade de mitigar seu impacto e adotar práticas mais sustentáveis.

Escassez de Recursos Naturais:

A crescente demanda por recursos naturais, combinada com práticas insustentáveis, leva à rápida escassez de água, terra, minerais e outros recursos essenciais. As empresas precisam repensar seus modelos de produção e consumo para preservar a integridade dos ecossistemas e garantir uma distribuição equitativa desses recursos preciosos.

Poluição e Gestão de Resíduos:

A poluição do ar, da água e do solo é uma ameaça constante ao meio ambiente. Além disso, o aumento na produção de resíduos, especialmente plásticos, cria desafios significativos para a gestão desses materiais. Empresas estão sendo chamadas a adotar práticas que reduzam a poluição, promovam a reciclagem e minimizem o desperdício.

Perda de Biodiversidade:

A degradação dos habitats naturais e as práticas insustentáveis de uso da terra contribuem para a rápida perda de biodiversidade. Empresas têm o papel crucial de considerar o impacto de suas operações na biodiversidade, adotando abordagens que promovam a conservação e a recuperação de ecossistemas.

Energia e Transição para Fontes Renováveis:

A dependência de fontes de energia não renováveis intensifica os desafios ambientais. A transição para fontes de energia renovável tornou-se imperativa para reduzir as emissões de carbono. Empresas são instadas a adotar práticas mais eficientes e investir em fontes de energia limpa.

Rumo a Soluções e Inovações

Diante desses desafios, a pressão sobre as empresas para adotarem soluções inovadoras e sustentáveis é inegável. A superação desses obstáculos não é apenas uma necessidade ambiental, mas também uma estratégia vital para a sobrevivência e prosperidade das empresas no século XXI. No próximo trecho, exploraremos iniciativas e melhores práticas que apontam caminhos promissores para enfrentar esses desafios e construir um futuro empresarial mais sustentável.

O Papel das Empresas na Preservação Ambiental

Numa era em que as questões ambientais se tornaram imperativas, as empresas desempenham um papel central na preservação do meio ambiente. Este capítulo explora como as organizações podem transcender o papel tradicional de meros agentes econômicos para se tornarem verdadeiros guardiões do planeta. Vamos mergulhar no papel multifacetado das empresas na preservação ambiental.

Redução das Emissões de Gases de Efeito Estufa:

Empresas têm a responsabilidade de avaliar e reduzir suas emissões de gases de efeito estufa. A transição para fontes de energia mais limpas, a eficiência energética e a compensação de emissões são medidas-chave que podem ser adotadas. Essas práticas não apenas mitigam as mudanças climáticas, mas também conferem resiliência aos negócios diante de regulamentações futuras.

Adoção de Práticas de Produção Sustentáveis:

Reformular os modelos de produção é fundamental. A implementação de práticas sustentáveis, como a economia circular, que minimiza o desperdício e otimiza o uso de recursos, torna-se uma estratégia crucial. Empresas inovadoras estão explorando maneiras de produzir bens e serviços que minimizem o impacto ambiental ao longo de toda a cadeia de valor.

Conservação de Ecossistemas:

Empresas podem desempenhar um papel vital na conservação de ecossistemas essenciais. Isso inclui a proteção de áreas naturais, a restauração de habitats degradados e a implementação de práticas agrícolas sustentáveis. Ao fazê-lo, as empresas contribuem não apenas para a preservação da biodiversidade, mas também para a resiliência de suas próprias cadeias de suprimentos.

Gestão Responsável de Resíduos:

A gestão de resíduos torna-se uma área crucial de foco. Empresas podem adotar práticas que reduzam a produção de resíduos, promovam a reciclagem e garantam a disposição adequada de resíduos. A implementação de programas de logística reversa e a redução do uso de materiais descartáveis são estratégias eficazes nesse sentido.

Inovação em Tecnologias Verdes:

Empresas inovadoras estão investindo em tecnologias verdes. Isso inclui o desenvolvimento de produtos e serviços mais sustentáveis, bem como a incorporação de tecnologias limpas em processos produtivos. Essa abordagem não apenas reduz o impacto ambiental, mas também cria oportunidades para liderança no mercado e diferenciação competitiva.

Integrando a Preservação Ambiental à Identidade Corporativa

A preservação ambiental não é apenas um conjunto de práticas; é uma parte intrínseca da identidade corporativa moderna. Empresas que reconhecem e abraçam seu papel na preservação do meio ambiente não apenas atendem às expectativas da sociedade, mas também cultivam resiliência a longo prazo, liderando o caminho para um futuro empresarial mais sustentável e responsável. No próximo trecho, exploraremos como a inovação ambiental está transformando os modelos de negócios e impulsionando a busca pela sustentabilidade.

Explorando Estratégias Sustentáveis

Abordagens Inovadoras e Práticas Exemplares

A sustentabilidade não é mais uma opção; tornou-se uma estratégia imperativa para empresas que buscam não apenas prosperar no presente, mas garantir a viabilidade a longo prazo. Vamos explorar como abordagens inovadoras e práticas exemplares estão moldando a transformação rumo a estratégias sustentáveis.

Sustentabilidade como Estratégia de Negócios

Visão Holística e Integração: Empresas líderes estão adotando uma visão holística da sustentabilidade, integrando-a ao cerne de suas operações. Não é mais apenas uma iniciativa isolada, mas sim uma mentalidade que permeia todas as decisões corporativas, desde a concepção de produtos até as estratégias de cadeia de suprimentos.

Alinhamento com Objetivos Globais: As estratégias sustentáveis são cada vez mais alinhadas com objetivos globais, como os Objetivos de Desenvolvimento Sustentável (ODS) das Nações Unidas. Empresas estão identificando oportunidades de negócios que não apenas atendem às metas de sustentabilidade, mas também abordam questões sociais e ambientais críticas.

Mensuração de Impacto: A mensuração de impacto tornou-se uma ferramenta essencial. Empresas estão utilizando métricas específicas para avaliar seu desempenho ambiental, desde a pegada de carbono até o uso responsável de recursos naturais. Essa abordagem não apenas demonstra transparência, mas também permite melhorias contínuas.

Inovação Ambiental

Economia Circular: A economia circular, que visa minimizar o desperdício e reutilizar recursos, está se tornando uma prática exemplar. Empresas estão repensando seus modelos de produção e consumo, adotando abordagens circulares que contribuem para a redução de resíduos e promovem a eficiência dos recursos.

Design Sustentável: A inovação no design de produtos está focada na sustentabilidade. Materiais recicláveis, embalagens ecológicas e ciclos de vida prolongados são elementos centrais. Empresas estão descobrindo que o design sustentável não apenas atrai consumidores conscientes, mas também reduz impactos ambientais ao longo do tempo.

Liderança na Adoção de Energias Renováveis

Transição para Fontes de Energia Limpa: A transição para fontes de energia renovável está se tornando uma prática essencial para empresas sustentáveis. Investir em energia solar, eólica e outras formas de energia limpa não apenas reduz as emissões, mas também cria resiliência em relação à volatilidade dos preços dos combustíveis fósseis.

Eficiência Energética: A eficiência energética é uma pedra angular das práticas empresariais sustentáveis. Empresas estão adotando tecnologias e processos que reduzem o consumo de energia, gerando economias financeiras significativas e diminuindo a pegada de carbono.

Rumo a uma Sustentabilidade Empresarial Transformadora

Explorar estratégias sustentáveis não é apenas uma escolha ética; é uma resposta prática à necessidade urgente de preservar nosso planeta. Empresas que incorporam essas abordagens não apenas mitigam riscos ambientais, mas também posicionam-se como líderes inovadores em um mundo que exige ações significativas para garantir um futuro sustentável. No próximo trecho, examinaremos como a inovação ambiental está moldando a paisagem empresarial e abrindo portas para uma nova era de responsabilidade corporativa.

Desafios e Oportunidades

Em nossa jornada pela tempestade de considerações ambientais nas práticas empresariais, encontramos não apenas desafios imponentes, mas também oportunidades significativas para a transformação positiva. Este capítulo é um mergulho profundo nas águas desafiadoras dos dilemas ambientais contemporâneos, enquanto também identifica as oportunidades latentes que podem surgir da adoção de práticas sustentáveis e inovadoras.

Navegando em Águas Desafiadoras

Regulações Ambientais e Compliance: A crescente complexidade das regulamentações ambientais coloca empresas diante de desafios significativos. A conformidade é não apenas uma necessidade legal, mas uma responsabilidade ética. Examinaremos como as empresas podem não apenas atender a essas normas, mas também ir além, assumindo a liderança na definição de padrões mais elevados.

Resiliência Empresarial e Meio Ambiente: A resiliência empresarial, fundamental para a sobrevivência em um mundo dinâmico, está intrinsecamente ligada às práticas ambientais. Os desafios climáticos e ambientais podem impactar a continuidade operacional. Vamos explorar como as empresas podem se tornar mais resistentes, não apenas enfrentando desafios ambientais, mas prosperando apesar deles.

Oportunidades Emergentes

Inovação Ambiental como Diferencial Competitivo: Em meio aos desafios, emerge uma oportunidade única: a inovação ambiental. Empresas que investem em pesquisa e desenvolvimento para criar produtos e processos mais sustentáveis ganham não apenas uma vantagem ética, mas também um diferencial competitivo valioso no mercado.

Mercados Emergentes de Energias Renováveis: A transição para fontes de energia limpa abre caminhos para novos mercados e oportunidades de investimento. Exploraremos como as empresas podem não apenas adotar práticas sustentáveis, mas também capitalizar as oportunidades emergentes nos setores de energias renováveis e tecnologias limpas.

Sustentabilidade como Geradora de Valor

Criação de Valor para Stakeholders: A sustentabilidade não é apenas uma estratégia ambiental; é uma fonte poderosa de valor para os stakeholders. Desde clientes conscientes até investidores comprometidos com critérios ESG, as empresas sustentáveis criam relacionamentos mais fortes e duradouros.

Reputação e Branding Sustentável: A reputação de uma empresa está cada vez mais vinculada às suas práticas ambientais. Empresas que adotam estratégias sustentáveis não apenas fortalecem suas marcas, mas também constroem uma reputação sólida que ressoa com os consumidores preocupados com o meio ambiente.

Rumo a uma Sustentabilidade Empresarial Transformadora

Convido os leitores a explorar não apenas os desafios que as empresas enfrentam em meio às complexidades ambientais, mas também as oportunidades extraordinárias que surgem da adoção de práticas sustentáveis. Ao navegar nessas águas turbulentas, as empresas têm a chance de se transformar, não apenas mitigando riscos, mas também liderando a vanguarda da responsabilidade corporativa e contribuindo para um futuro mais sustentável e equitativo.

Regulações Ambientais e Compliance

As empresas modernas enfrentam um cenário regulatório complexo e em constante evolução no que diz respeito às questões ambientais. As regulações ambientais desempenham um papel crucial na definição de padrões e na promoção da responsabilidade corporativa. Contudo, para as empresas, essas regulamentações não representam apenas obrigações legais; são, na verdade, uma bússola que aponta na direção da sustentabilidade e da preservação ambiental.

Complexidade Regulatória: A multiplicidade de regulamentações ambientais, emanadas de diferentes órgãos governamentais e em diversas jurisdições, apresenta um desafio significativo para as empresas. Navegar por esse cenário complexo requer uma compreensão profunda das normas específicas aplicáveis a cada setor e localidade.

Responsabilidade e Ética Empresarial: O cumprimento rigoroso das regulações ambientais não é apenas uma necessidade legal; é um imperativo ético. Empresas são chamadas não apenas a atender aos requisitos mínimos, mas a adotar uma postura proativa na busca pela redução de impactos ambientais e pela promoção de práticas sustentáveis.

Desafios Inerentes ao Compliance Ambiental

Custos Associados ao Cumprimento: Muitas vezes, atender a normas ambientais rigorosas envolve custos significativos para as empresas. Desde a implementação de tecnologias mais limpas até a gestão adequada de resíduos, as organizações enfrentam desafios financeiros ao buscar a conformidade.

Monitoramento e Relatórios Precisos: O compliance ambiental requer um monitoramento preciso e uma geração de relatórios transparente. Essa tarefa pode ser complexa, exigindo investimentos em sistemas de monitoramento e coleta de dados confiáveis para garantir a conformidade e evitar penalidades.

Inovação para o Cumprimento: À medida que as regulamentações ambientais se tornam mais rigorosas, surge uma oportunidade para a inovação. Empresas que investem em tecnologias e práticas mais sustentáveis não apenas atendem às exigências legais, mas também se destacam como líderes inovadores em seus setores.

Diferencial Competitivo e Acesso a Mercados: Empresas que demonstram um compromisso sério com o cumprimento das normas ambientais ganham um diferencial competitivo. Além disso, muitos mercados, especialmente os orientados para o consumidor consciente, estão cada vez mais exigindo produtos e serviços provenientes de empresas social e ambientalmente responsáveis.

Sustentabilidade Além do Cumprimento Legal

Gestão de Riscos Ambientais: Para as empresas, a conformidade ambiental não é apenas uma questão de evitar penalidades legais; é uma estratégia essencial de gestão de riscos. O não cumprimento pode resultar em danos irreparáveis à reputação, litígios e perda de licenças comerciais.

Integração do Compliance ao DNA Corporativo: A verdadeira oportunidade para as empresas está na integração do compliance ambiental ao seu DNA corporativo. Quando as práticas sustentáveis estão enraizadas na cultura organizacional, o cumprimento de normas torna-se parte intrínseca das operações diárias, contribuindo para uma abordagem holística da responsabilidade corporativa.

Rumo a uma Sustentabilidade Empresarial Transformadora

Ao explorar as regulações ambientais e os desafios de compliance, as empresas têm a oportunidade de cumprir obrigações legais e de liderar a vanguarda da sustentabilidade empresarial. No próximo trecho, examinaremos como a resiliência empresarial pode ser fortalecida através de práticas ambientais responsáveis, transformando desafios em oportunidades de crescimento sustentável.

Resiliência Empresarial e Meio Ambiente

Em meio às tempestades de mudanças climáticas, escassez de recursos e desafios ambientais, a resiliência empresarial surge como um leme vital para garantir a sobrevivência e a prosperidade a longo prazo. Este trecho explora a interseção crucial entre a resiliência empresarial e as práticas ambientais, destacando como as empresas podem não apenas enfrentar desafios, mas também prosperar em ambientes dinâmicos e em evolução.

Vulnerabilidade às Mudanças Climáticas: As mudanças climáticas representam uma ameaça significativa à resiliência empresarial. Eventos climáticos extremos, como furacões, secas e inundações, podem interromper operações, danificar infraestruturas e impactar as cadeias de suprimentos. Empresas resistentes reconhecem a necessidade de adaptação e mitigação.

Escassez de Recursos e Dependência de Cadeias de Suprimentos: A escassez de recursos naturais e a dependência de cadeias de suprimentos globais aumentam a vulnerabilidade das empresas. A resiliência exige uma reavaliação dessas cadeias, identificando fontes sustentáveis e estratégias para reduzir a dependência de recursos finitos.

Estratégias para Fortalecer a Resiliência Empresarial

Diversificação de Fontes de Energia: A transição para fontes de energia mais limpas não apenas reduz a pegada de carbono, mas também fortalece a resiliência energética. Empresas que diversificam suas fontes de energia estão menos expostas a flutuações nos preços dos combustíveis fósseis e a interrupções no fornecimento.

Adaptação às Mudanças Climáticas: A resiliência requer a capacidade de se adaptar às mudanças climáticas. Isso envolve a avaliação de riscos climáticos específicos para operações e a implementação de medidas preventivas, como infraestrutura à prova de clima e estratégias para reduzir a vulnerabilidade.

Oportunidades Emergentes

Inovação em Tecnologias Verdes: Empresas inovadoras enchergam nas tecnologias verdes uma oportunidade de reforçar a resiliência. Investir em tecnologias sustentáveis, como energia renovável e processos de produção mais eficientes, não apenas reduz os impactos ambientais, mas também cria modelos de negócios mais robustos.

Acesso a Financiamento Sustentável: A resiliência empresarial é um fator atraente para investidores comprometidos com critérios ESG. Empresas que demonstram uma abordagem proativa para mitigar riscos ambientais têm maior acesso a financiamentos sustentáveis e podem atrair investidores que valorizam a resiliência a longo prazo.

Integrando Sustentabilidade à Resiliência Empresarial

Cultura Organizacional Resiliente: A resiliência vai além de medidas técnicas; é fundamentada em uma cultura organizacional resiliente. Empresas que promovem a consciência ambiental entre seus funcionários criam equipes mais adaptáveis e inovadoras, prontas para enfrentar desafios imprevistos.

Participação em Redes de Resiliência: Participar de redes de resiliência, como iniciativas setoriais ou comunidades empresariais sustentáveis, proporciona um apoio adicional. O compartilhamento de melhores práticas e a colaboração podem fortalecer a resiliência empresarial coletiva.

Rumo a uma Sustentabilidade Empresarial Transformadora

Ao explorar a interconexão entre resiliência empresarial e práticas ambientais, as empresas além de se protegerem contra riscos, se posicionam para prosperar em um mundo em constante mudança. No próximo trecho, examinaremos como a inovação ambiental é não apenas uma resposta aos desafios, mas também uma fonte vital de oportunidades para o crescimento sustentável.

Ao concluir nossa exploração do capítulo E, mergulhamos nas águas desafiadoras das regulações ambientais, enfrentando as complexidades e obrigações que elas impõem às empresas. A necessidade de compliance não tão somente uma exigência legal; é um chamado ético para a responsabilidade corporativa. Navegamos pelos desafios inerentes à conformidade, desde os custos associados até a necessidade de monitoramento preciso, destacando como a integração do compliance ambiental ao DNA corporativo é essencial.

Adentrando o cenário da resiliência empresarial, compreendemos como as mudanças climáticas e a escassez de recursos representam ameaças tangíveis à continuidade operacional. No entanto, identificamos estratégias para fortalecer a resiliência, como a diversificação de fontes de energia e a adaptação às mudanças climáticas. Examinamos também as oportunidades emergentes, como a inovação em tecnologias verdes e o acesso a financiamentos sustentáveis.

Ao longo deste percurso, fica claro que a sustentabilidade não é apenas um objetivo a ser alcançado; é uma jornada contínua. A resiliência empresarial e o compliance ambiental não são meros requisitos, mas sim alicerces essenciais para a construção de um futuro empresarial sólido e sustentável.

Na reflexão final deste capítulo, convidamos os leitores a considerarem não apenas os desafios, mas as oportunidades extraordinárias que surgem da adoção de práticas sustentáveis e inovadoras. A integração desses princípios ao DNA corporativo não só fortalece as empresas contra as tempestades ambientais, mas as posiciona como líderes na construção de um mundo empresarial mais ético, resiliente e voltado para a sustentabilidade.

Na seqüência, exemplos de como a inovação ambiental como uma força transformadora, pode superar obstáculos e abrir resolver sérios problemas abrindo caminhos para uma nova era de responsabilidade corporativa e crescimento sustentável.

Fast Fashion- Quando o efêmero causa problemas permanentes.

O advento do fast fashion, marcado pela produção em massa de roupas a preços acessíveis e ciclos de moda acelerados, trouxe consigo uma série de problemas ambientais que se estendem para além das vitrines reluzentes das lojas de moda. Este modelo de consumo efêmero, impulsionado pela constante busca por novas tendências, resultou em uma devastadora prática de descarte, transformando partes da África e da América do Sul em depósitos de lixo.

Em muitos casos, as roupas de moda rápida são produzidas em países em desenvolvimento, onde os custos de mão de obra são mais baixos. No entanto, essa produção em grande escala frequentemente negligencia os impactos ambientais, resultando em uma montanha de resíduos têxteis. Na África, em particular, vemos comunidades sendo sobrecarregadas por esse descarte, enfrentando os desafios ambientais e de saúde pública associados.

A prática do descarte irresponsável de roupas de fast fashion contribui significativamente para a poluição ambiental. Tecidos sintéticos e corantes tóxicos presentes nessas peças contaminam solos e recursos hídricos, afetando ecossistemas locais e, por extensão, a vida das comunidades que dependem desses recursos para subsistência.

Além disso, a rápida obsolescência das roupas de moda rápida alimenta um ciclo vicioso de consumo e descarte. Em muitos casos, as peças são usadas apenas algumas vezes antes de serem descartadas, criando uma demanda constante por novos produtos e agravando os problemas já existentes.

A exploração desenfreada de recursos naturais para a produção de roupas de moda rápida também impacta negativamente as comunidades locais. Em regiões da América do Sul, vemos ecossistemas sendo degradados para atender à demanda insaciável da indústria da moda, resultando em deslocamento de comunidades e perda de biodiversidade.

A economia circular, que preconiza a reutilização, reciclagem e redução do desperdício, é frequentemente ignorada por esse modelo de consumo. A falta de incentivo para a reciclagem de roupas contribui para a acumulação de resíduos em aterros sanitários, criando um problema de dimensões globais.

Além dos impactos ambientais, a prática do descarte de roupas em países em desenvolvimento reflete uma disparidade global. O lixo têxtil proveniente de nações mais ricas muitas vezes é enviado para países mais pobres, exacerbando as desigualdades globais e sobrecarregando ainda mais as infraestruturas locais.

É crucial repensar o modelo de fast fashion e adotar práticas mais sustentáveis. Incentivar a produção responsável, promover a conscientização sobre os impactos ambientais da moda rápida e investir em alternativas sustentáveis são passos essenciais para mitigar os danos já causados e evitar que mais regiões da África e da América do Sul se tornem vítimas desse padrão prejudicial de consumo. A mudança para uma abordagem mais consciente é uma necessidade ambiental urgente e também um imperativo ético para assegurar um futuro mais equitativo e sustentável para todos.

Patagonia - O exemplo do ESG na prática.

Num cenário onde a indústria da moda é frequentemente associada a práticas insustentáveis, a empresa Patagonia emerge como um farol de esperança e um exemplo notável de responsabilidade ambiental e social. Fundada sobre os princípios de sustentabilidade, a Patagonia não apenas cria produtos de alta qualidade, mas redefine o paradigma da moda ao integrar práticas ambientalmente conscientes em todos os aspectos de seu negócio.

O compromisso da Patagonia com a sustentabilidade é evidente desde o processo de design. A empresa adota uma abordagem inovadora, utilizando materiais reciclados e orgânicos em suas coleções, reduzindo significativamente a pegada ambiental de suas roupas. Essa atenção cuidadosa aos materiais reflete um compromisso em mitigar os impactos ambientais associados à produção têxtil.

Além do comprometimento material, a Patagonia é pioneira em iniciativas de reciclagem de roupas. A campanha "Worn Wear" da empresa encoraja os consumidores a prolongar a vida útil de suas roupas, promovendo a cultura da reutilização e reduzindo a necessidade de descarte. Essa abordagem inovadora destaca a importância da economia circular na indústria da moda.

A transparência é uma característica distintiva da abordagem da Patagonia. A empresa não apenas compartilha informações sobre a origem de seus materiais, mas também desafia outras marcas a adotarem práticas mais éticas. Essa postura de liderança demonstra que a transparência não é apenas uma ferramenta de marketing, mas uma peça central de sua missão de responsabilidade corporativa.

A Patagonia vai além do tradicional modelo de negócios e destaca-se por sua defesa de causas ambientais e sociais. Comprometida em dar um exemplo de como as empresas podem ser agentes de mudança, a Patagonia doa uma porcentagem de seus lucros para organizações ambientais e se envolve em campanhas de ativismo, posicionando-se como uma voz crítica em questões como conservação e justiça climática.

A empresa também desafia a ideia convencional de crescimento ilimitado ao incentivar os consumidores a questionarem se realmente precisam comprar novas roupas. A campanha "Don't Buy This Jacket" é um exemplo notável, destacando o impacto ambiental da produção excessiva de vestuário e instigando a reflexão sobre a necessidade real de consumo.

A abordagem holística da Patagonia em relação aos seus funcionários também merece destaque. A empresa promove práticas de trabalho justas, oferece benefícios inovadores, como licença parental remunerada, e enfatiza a importância do equilíbrio entre trabalho e vida pessoal. Essa consideração pelos aspectos sociais da sustentabilidade demonstra um compromisso genuíno com o bem-estar de seus colaboradores.

A liderança da Patagonia estende-se à sua busca constante por soluções inovadoras. Investindo em tecnologias e processos mais sustentáveis, a empresa busca continuamente reduzir seu impacto ambiental, inspirando outras marcas a seguirem o exemplo e a repensarem suas próprias práticas.

Ao adotar uma abordagem proativa e progressista para enfrentar os desafios ambientais, a Patagonia não apenas cria roupas, mas tece uma narrativa de como as empresas podem ser agentes de mudança positiva. Ao se dedicar à sustentabilidade e à responsabilidade social, a Patagonia destaca que é possível, e necessário, repensar a maneira como concebemos e praticamos a moda, oferecendo uma visão inspiradora para a indústria.

Capítulo

S

Social - Responsabilidade Social Corporativa

No capítulo dedicado ao Social do nosso livro "Destino ESG: Seguindo na Rota da Sustentabilidade Empresarial", adentramos um território crucial e sensível que transcende os limites do lucro e se estende aos pilares fundamentais da humanidade. Nessa jornada, exploraremos como as empresas, independentemente do porte, podem desempenhar um papel significativo na construção de sociedades mais justas, inclusivas e socialmente responsáveis. A responsabilidade social corporativa não é apenas uma escolha ética; tornou-se um destino imperativo para organizações comprometidas com um futuro sustentável.

Este capítulo se propõe a desvendar as práticas e estratégias que transformam empresas em agentes de mudança social positiva. Desde a promoção da diversidade e igualdade no local de trabalho até iniciativas que impactam positivamente as comunidades em que estão inseridas, examinaremos como as empresas podem integrar considerações sociais em seu DNA corporativo. Afinal, a navegação pelo terreno social não é apenas uma escolha benevolente; é uma bússola que orienta as organizações na direção de um destino mais compassivo e equitativo.

Ao longo deste capítulo, vamos explorar exemplos inspiradores de empresas que não apenas reconhecem o impacto social de suas operações, mas também adotam medidas tangíveis para melhorar a qualidade de vida de seus colaboradores, promover a inclusão e contribuir para o desenvolvimento sustentável das comunidades que servem. Este é um convite para desbravar as águas da responsabilidade social corporativa, onde as empresas não apenas prosperam financeiramente, mas também desempenham um papel essencial na construção de um tecido social mais robusto e resiliente. Acompanhe-nos nessa viagem pelo Social, onde os valores fundamentais da humanidade se entrelaçam com a trajetória empresarial rumo a um destino ESG.

Redefinindo o Papel das Empresas: Navegando em Águas de Mudança Social

No cenário contemporâneo, as expectativas sociais em relação às empresas transcenderam significativamente o paradigma tradicional de meros produtores de bens e fornecedores de serviços. Nos dias de hoje, as organizações são percebidas como protagonistas de uma narrativa mais ampla, não apenas pelas mercadorias que oferecem, mas, de maneira crescente, pelo impacto social positivo que são capazes de gerar em comunidades e na sociedade como um todo.

O termo "corporativismo social" tornou-se uma expressão fundamental no diálogo sobre o papel das empresas na atualidade. Essa mudança de perspectiva reflete uma compreensão mais profunda e abrangente de que as organizações desempenham um papel crucial no tecido social, indo além de meras transações comerciais. A sociedade passou a demandar uma atuação mais engajada e responsável, onde o sucesso corporativo não é medido apenas por indicadores financeiros, mas também pela contribuição positiva para o bem-estar coletivo.

Hoje, a avaliação de uma empresa vai além da qualidade de seus produtos ou serviços. Ela é escrutinada pela efetividade de suas práticas ambientais, pelo compromisso com a igualdade de oportunidades no local de trabalho, pela promoção da diversidade e inclusão, e pelo impacto tangível em questões sociais e comunitárias. As empresas não são mais avaliadas apenas pelo que produzem, mas pelo legado que constroem e pelos valores que incorporam.

Essa redefinição do papel das empresas implica uma mudança fundamental na forma como as organizações concebem seu propósito. A busca pelo lucro não é mais vista como um objetivo isolado, mas como parte integrante de uma missão mais ampla de contribuir positivamente para a sociedade. As empresas estão sendo chamadas a desempenhar um papel ativo na resolução de desafios sociais, abraçando causas, investindo em iniciativas de responsabilidade social e adotando práticas éticas que vão além do mero cumprimento de normas e regulamentos.

Essa nova abordagem reflete não apenas uma mudança nas expectativas externas, mas também uma compreensão interna de que a sustentabilidade a longo prazo de uma empresa está intrinsecamente ligada à sua capacidade de construir relacionamentos positivos e duradouros com suas partes interessadas. A lealdade do consumidor, a atração e retenção de talentos, e até mesmo o acesso a financiamentos estão cada vez mais correlacionados com o compromisso social e ambiental de uma empresa.

Navegar nessas águas de mudança social não é apenas uma opção estratégica, mas uma necessidade imperativa para as empresas que desejam prosperar em um mundo onde a conscientização social e a responsabilidade corporativa são elementos-chave na construção de uma reputação sólida e duradoura. No decorrer deste capítulo, exploraremos casos emblemáticos e estratégias eficazes que exemplificam como as empresas estão não apenas se adaptando a essas novas expectativas, mas moldando ativamente um destino onde o sucesso empresarial e o bem-estar social estão intrinsecamente entrelaçados.

Responsabilidade Ampliada: Além do Financeiro, em Direção à Justiça Social

À medida que as expectativas sociais evoluem, a pressão sobre as empresas para assumirem uma responsabilidade ampliada se intensifica, transcendo a antiga métrica de sucesso baseada puramente no retorno financeiro. Este novo paradigma redefine a própria essência da responsabilidade corporativa, expandindo seu escopo para abraçar não apenas a geração de lucros, mas também o papel ativo na construção de um mundo mais justo, equitativo e inclusivo.

A pressão social, em sua essência, age como um catalisador dessa transformação. As empresas já não podem operar em um vácuo, focando exclusivamente em seus interesses comerciais. A sociedade exige uma contribuição mais significativa e consciente, uma responsabilidade que transcende as margens dos balanços financeiros. A expectativa agora é que as organizações não apenas prosperem economicamente, mas também se tornem agentes proativos de mudança social positiva.

A responsabilidade ampliada engloba um compromisso genuíno com a melhoria das condições sociais e a promoção da justiça. Não se trata apenas de adotar práticas sustentáveis ou de realizar atividades filantrópicas esporádicas; é uma abordagem holística que permeia todas as facetas do negócio. Implica em criar ambientes de trabalho inclusivos, garantir igualdade de oportunidades, e enfrentar questões sociais que afetam diretamente as comunidades onde as empresas operam.

Essa mudança de paradigma não é apenas uma resposta às demandas sociais; é uma compreensão de que o sucesso empresarial está entrelaçado com o progresso e a estabilidade da sociedade como um todo. A responsabilidade ampliada reconhece que as empresas têm o poder e a influência para impactar positivamente as comunidades, e, portanto, a obrigação de utilizar essa influência para o bem comum.

Nesse contexto, a responsabilidade corporativa não é mais vista como uma tarefa adicional, mas como parte integrante da missão da empresa. Com essa abordagem ampliada, as organizações não apenas atendem às demandas do presente, mas também moldam um futuro onde os negócios não são apenas motores econômicos, mas também agentes de transformação social. O envolvimento ativo na construção de uma sociedade mais justa e inclusiva torna-se não apenas uma escolha ética, mas uma estratégia fundamental para a sustentabilidade a longo prazo.

Ao longo deste capítulo, exploraremos casos emblemáticos que ilustram como as empresas estão incorporando essa responsabilidade ampliada em suas operações diárias. Examinaremos estratégias tangíveis que transcendem as expectativas convencionais, marcando uma jornada onde as organizações não apenas atendem, mas ultrapassam as exigências sociais, construindo um legado de impacto social positivo que ressoa além das fronteiras do mundo corporativo.

Além de uma Mera Estratégia de Marketing: Celebrando a Diversidade como Pilar Essencial

A diversidade, em sua evolução no cenário empresarial contemporâneo, transcendeu a categorização simplista de ser apenas uma estratégia de marketing. Ela ascendeu para se tornar um imperativo ético e empresarial, moldando as bases de uma cultura organizacional que busca não apenas acolher, mas celebrar a multiplicidade de perspectivas, experiências e identidades. Neste contexto, a equidade e inclusão não são apenas termos da moda, mas os alicerces essenciais para a construção de uma cultura organizacional robusta e sustentável.

A mudança de paradigma em relação à diversidade reflete não apenas uma resposta a pressões externas ou uma estratégia para atrair consumidores, mas uma profunda compreensão da importância intrínseca da diversidade nos negócios. Empresas não são mais desafiadas apenas a criar equipes visualmente diversas, mas a cultivar ambientes de trabalho verdadeiramente inclusivos, onde cada voz é valorizada, respeitada e capacitada.

A diversidade de pensamento, experiências de vida e perspectivas culturais não é mais vista como uma vantagem competitiva abstrata, mas como uma força vital que impulsiona a inovação, a criatividade e a resolução de problemas. As organizações estão percebendo que, ao abraçar a diversidade, não apenas se alinham a padrões éticos mais elevados, mas também fortalecem seu próprio núcleo, tornando-se mais adaptáveis e ágeis em um mundo de constante mudança.

É fundamental compreender que a diversidade não é uma conquista estática; é um compromisso contínuo com a criação de ambientes inclusivos que promovem a igualdade de oportunidades. A diversidade vai além da representação superficial; trata-se de reconhecer e valorizar as experiências e habilidades diversas que cada indivíduo traz consigo, construindo uma tapeçaria única que enriquece a cultura organizacional.

Adiante exploraremos como empresas estão abraçando e internalizando a diversidade como parte integrante de suas identidades corporativas. Analisaremos práticas inovadoras, programas de inclusão eficazes e a forma como líderes corporativos estão promovendo uma cultura que vai além da mera aceitação da diversidade, indo em direção à celebração ativa das diferenças. Este é um convite para compreender que a diversidade, muito além de uma estratégia de marketing, é a base sólida para uma cultura empresarial que não apenas sobrevive, mas floresce na complexidade do mundo moderno.

Refletindo a Diversidade Global: Uma Jornada Além das Fronteiras Organizacionais

Num contexto de crescente interconexão global, a diversidade deixou de ser uma simples opção para tornar-se uma necessidade imperativa nas estruturas internas das empresas. Mais do que uma questão de justiça social, a inclusão tornou-se um pilar essencial para maximizar o potencial criativo e inovador de equipes compostas por indivíduos diversos. Este é um chamado para as empresas refletirem, em suas próprias dinâmicas, a riqueza e complexidade do mundo que as cerca.

A diversidade global não se trata apenas de contar com representantes de diferentes nacionalidades, embora isso seja uma parte importante. Reflete-se também nas experiências de vida variadas, nas perspectivas culturais distintas e nas diversas identidades que compõem a tapeçaria de uma equipe verdadeiramente global. Nesse cenário, a inclusão vai além de uma mera estratégia de recursos humanos; é uma abordagem estratégica para navegar pela complexidade do cenário global contemporâneo.

Ao abraçar a diversidade global, as empresas não apenas respondem a um imperativo ético, mas também se equipam para enfrentar os desafios e explorar as oportunidades de um mundo cada vez mais interligado. Equipas compostas por uma variedade de origens oferecem uma gama mais ampla de perspectivas, estimulando a criatividade e a inovação. A solução para problemas complexos muitas vezes emerge da colaboração entre mentes que abordam os desafios de ângulos diversos.

No entanto, a diversidade global não é alcançada apenas por meio da contratação de indivíduos de diferentes partes do mundo. É um compromisso constante de criar uma cultura inclusiva que valorize e respeite as diferenças. Isso implica em promover ambientes de trabalho onde todas as vozes são ouvidas, todas as contribuições são valorizadas e cada indivíduo se sente parte integral do todo.

Atualmente as empresas estão reconhecendo e integrando ativamente a diversidade global em suas operações cotidianas. Superando barreiras culturais, linguísticas e geográficas para criar equipes verdadeiramente interculturais. Devemos refletir sobre como a diversidade global não apenas enriquece o ambiente de trabalho, mas também fortalece a resiliência e adaptabilidade das empresas em meio a um panorama empresarial cada vez mais diversificado e globalizado.

Atraindo Talentos e Consumidores: O Poder da Diversidade como Diferencial Competitivo

O comprometimento com a diversidade não é apenas um princípio ético; tornou-se uma estratégia empresarial poderosa, capaz de atrair talentos excepcionais e cativar consumidores engajados. Empresas que abraçam a diversidade formam uma força de trabalho mais talentosa e também estabelecem conexões mais profundas com consumidores que buscam apoiar marcas alinhadas com valores de inclusão e igualdade.

Ao posicionar a diversidade como um diferencial competitivo, as empresas sinalizam não apenas uma abertura para a representação, mas também um compromisso genuíno com a promoção da equidade. Isso cria um ambiente de trabalho atrativo para profissionais talentosos que procuram não somente um emprego, mas uma cultura organizacional que respeita e celebra suas identidades únicas.

A atração de talentos diversificados é uma estratégia de recursos humanos; é além disso uma forma de enriquecer a empresa com uma gama mais ampla de habilidades, experiências e perspectivas. Equipes diversificadas são conhecidas por serem mais inovadoras, criativas e resilientes, resultando em soluções mais abrangentes para os desafios empresariais.

Além disso, a conexão entre diversidade e consumo é cada vez mais evidente. Consumidores modernos estão atentos não apenas aos produtos ou serviços oferecidos, mas também aos valores e princípios que uma marca representa. Empresas que promovem a diversidade não apenas ganham a lealdade de clientes comprometidos com causas sociais, mas também expandem sua base de consumidores, atingindo públicos diversos e heterogêneos.

A diversidade torna-se, assim, um ponto de identificação para os consumidores, criando uma relação mais profunda e autêntica. Marcas que abraçam a diversidade não apenas vendem produtos; contam histórias de inclusão, respeito e aceitação, estabelecendo um vínculo emocional que vai além da transação comercial.

Atualmente temos casos de empresas que transformaram a diversidade em um ímã tanto para talentos quanto para consumidores. Com estratégias de recrutamento, programas de inclusão e campanhas de marketing que afirmam o compromisso com a diversidade e demonstram a autenticidade desse comprometimento. Devemos entender que a diversidade é um requisito moderno e uma fonte valiosa de força e resiliência para as empresas que buscam se destacar em um mercado cada vez mais diversificado e consciente.

Estímulo à Inovação: A Força Transformadora da Diversidade de Perspectivas

A inovação floresce em ambientes onde a diversidade não é apenas reconhecida, mas celebrada como uma força motriz. Empresas que cultivam ambientes inclusivos e diversificados refletem uma postura ética, e se posicionam estrategicamente para enfrentar desafios complexos e gerar soluções criativas. A diversidade de perspectivas é um catalisador poderoso para a inovação.

A verdadeira inovação não surge da homogeneidade, mas da colisão e fusão de ideias diversas. Equipes compostas por profissionais de diferentes origens, experiências e formações oferecem uma variedade única de abordagens para a resolução de problemas. Essa diversidade de perspectivas amplia o espectro de ideias, e desafia o status quo, instigando a busca por soluções fora das trilhas convencionais.

A inclusão de diversos pontos de vista é fundamental para entender as necessidades variadas dos clientes em um mundo cada vez mais heterogêneo. Ao incorporar essas perspectivas diversas no processo de inovação, as empresas têm a capacidade de criar produtos e serviços que atendem a uma gama mais ampla de públicos, destacando-se na competitividade do mercado.

Além disso, ambientes inclusivos estimulam a confiança e a criatividade. Funcionários que se sentem valorizados e respeitados por suas contribuições estão mais propensos a compartilhar suas ideias, arriscar propostas inovadoras e colaborar de maneiras que vão além das fronteiras departamentais. Isso cria uma dinâmica de trabalho que nutre a inovação contínua e promove uma cultura de aprendizado e adaptação.

A diversidade se tornou um pilar ético, e acima de tudo um motor essencial para a inovação empresarial. Estratégias são implementadas por organizações progressistas que transformam a diversidade de perspectivas em vantagem competitiva. Somos levados a compreender que a inovação não é somente uma busca por novas tecnologias mas busca principalmente por novas formas de pensar e criar, catalisadas pela riqueza que a diversidade de perspectivas proporciona.

Resiliência Empresarial: A Aliança Estratégica com a Diversidade

A resiliência empresarial, cada vez mais, está sendo moldada pela diversidade como uma poderosa aliada estratégica. Muito além de uma expressão de responsabilidade social, a diversidade emerge como uma estratégia deliberada para construir empresas capazes de enfrentar desafios com adaptabilidade e eficácia. Times diversos refletem um compromisso ético; se tornam os pilares essenciais para a resiliência empresarial, respondendo de maneira mais eficaz às demandas variadas e dinâmicas do mercado.

A diversidade, quando integrada à essência da empresa, promove uma riqueza de perspectivas que se traduz diretamente em respostas mais abrangentes diante de desafios imprevisíveis. Em ambientes diversos, a variedade de experiências e habilidades permite que as equipes enfrentem adversidades de ângulos múltiplos, promovendo uma capacidade de adaptação que se torna um diferencial estratégico.

Essa resiliência é especialmente vital em um cenário empresarial caracterizado por mudanças rápidas e incertezas constantes. Times diversos são mais propensos a pensar fora da caixa, a explorar soluções inovadoras e a se ajustar rapidamente às transformações do mercado. Isso cria uma dinâmica de trabalho que não apenas sobrevive a desafios, mas emerge deles fortalecida e mais preparada para o futuro.

A resiliência, então, não é apenas uma questão de superar obstáculos, mas de se adaptar e evoluir continuamente. Empresas que reconhecem a diversidade como um alicerce para a resiliência enfrentam crises de maneira eficiente, e também prosperam em um ambiente empresarial volátil, capitalizando oportunidades que surgem em meio à incerteza.

Temos exemplos de empresas que transformaram a diversidade em uma estratégia fundamental para a resiliência. E podemos ver como a incorporação de perspectivas diversas fortaleceu essas organizações diante de desafios e as posicionou como líderes em setores competitivos e em constante transformação. A diversidade, quando incorporada à cultura empresarial, enriquece a força de trabalho, e constrói a resiliência necessária para enfrentar um futuro empresarial imprevisível.

Reflexão Final

Para Além da Diversidade, a Jornada para uma Sociedade Inclusiva

Ao encerrarmos este capítulo dedicado ao componente "Social" do ESG, é imperativo transcender a mera celebração da diversidade e mergulhar na essência transformadora da inclusão. A diversidade é o ponto de partida, mas a verdadeira evolução ocorre quando essa diversidade se traduz em uma força que molda as dinâmicas empresariais e o tecido social como um todo.

A inclusão vai além de números e estatísticas de representação. Ela demanda um compromisso genuíno com a equidade, justiça e respeito. Significa criar espaços onde cada voz é ouvida, cada identidade é valorizada, e cada indivíduo se sente parte integral da comunidade. A inclusão é a base para a construção de uma sociedade mais justa e equitativa.

Ao longo deste capítulo, exploramos como a diversidade impulsiona a inovação, fortalece a resiliência empresarial e estabelece conexões autênticas com consumidores e talentos. Contudo, a verdadeira significância da jornada social está na sua capacidade de criar um impacto duradouro nas estruturas mais amplas da sociedade. Empresas não são apenas agentes econômicos, mas também influenciadoras de narrativas culturais e sociais.

O desafio está em ir além de políticas inclusivas de recursos humanos e programas de diversidade. A verdadeira revolução social ocorre quando as empresas assumem um papel ativo na desconstrução de barreiras sistêmicas, na promoção de oportunidades equitativas e na defesa de valores que transcendem fronteiras organizacionais.

A inclusão é uma jornada contínua, uma busca constante por aprimoramento e consciência. É uma oportunidade para as empresas não apenas atenderem às demandas do presente, sempre com o objetivo de moldar um futuro onde a igualdade de oportunidades não é apenas uma aspiração ou uma teoria em um livro, mas sim uma realidade vivenciada por todos.

À medida que fechamos este capítulo, o convidamos a aprofundar a compreensão da inclusão como uma força motriz para a transformação social. Que as lições aprendidas aqui inspirem ações empresariais e contribuam para a construção de uma sociedade onde a diversidade é celebrada, a inclusão é a norma, e a justiça social é a meta comum.

O fechamento de fronteiras, Prejudicando a economia e Dando as costas para a diversidade.

O fechamento das fronteiras para imigrantes é uma prática que, embora possa ter motivações diversas, frequentemente desencadeia uma série de desafios econômicos nos países que adotam essa medida. Essa decisão, muitas vezes impulsionada por preocupações relacionadas ao emprego e à segurança, pode ter impactos significativos e multifacetados na economia nacional.

Ao fechar as fronteiras para imigrantes, os países podem se deparar com uma escassez de mão de obra em setores cruciais. Em muitas nações, os imigrantes desempenham papéis fundamentais em setores como agricultura, construção civil, saúde e serviços, preenchendo lacunas que a população local pode não estar pronta ou disposta a ocupar. O resultado desse fechamento pode ser uma falta de trabalhadores qualificados e não qualificados, impactando negativamente a produtividade e o crescimento econômico.

Além disso, o fechamento das fronteiras pode comprometer a diversidade cultural e a dinâmica demográfica, elementos que desempenham um papel crucial no enriquecimento da sociedade e da economia. A diversidade cultural muitas vezes leva a diferentes perspectivas e abordagens inovadoras, impulsionando a criatividade e a resolução de problemas, aspectos fundamentais para a competitividade econômica em um mundo globalizado.

Outro desafio econômico associado ao fechamento de fronteiras é o impacto nas indústrias voltadas para imigrantes. Restaurantes, lojas étnicas, serviços comunitários e outras atividades que dependem da presença de uma comunidade diversificada podem sofrer consideravelmente. Isso não apenas afeta os empresários imigrantes, mas também contribui para a perda de oportunidades de emprego para a população local nessas indústrias.

Além disso, há um impacto nas remessas, uma fonte vital de receita para muitos países em desenvolvimento. O fechamento das fronteiras pode restringir a capacidade dos trabalhadores imigrantes de enviar dinheiro para suas famílias em seus países de origem, afetando diretamente a estabilidade econômica dessas comunidades.

Em termos de inovação e pesquisa, o fechamento das fronteiras também pode limitar a circulação de talentos internacionais. Universidades e centros de pesquisa frequentemente se beneficiam da diversidade de perspectivas trazidas por estudantes e acadêmicos estrangeiros, contribuindo para avanços científicos e tecnológicos que impulsionam o desenvolvimento econômico.

A decisão de fechar fronteiras para imigrantes também pode gerar tensões diplomáticas e afetar acordos comerciais. Relações internacionais prejudicadas podem resultar em restrições ao comércio e à cooperação econômica, prejudicando as oportunidades de crescimento para ambos os lados.

Em última análise, o problema econômico gerado pelo fechamento de fronteiras para imigrantes vai além das questões de emprego imediato. Afeta a dinâmica global da economia, restringindo o potencial de crescimento, inovação e colaboração. É uma questão complexa que exige uma análise cuidadosa dos impactos a curto e longo prazo, bem como uma consideração equilibrada das preocupações sociais, econômicas e culturais envolvidas.

O Exemplo de Dallas e seu Racial Equity Plan
(REP)

O Plano de Equidade Racial da Cidade de Dallas, Texas, destaca-se como um modelo exemplar de iniciativa voltada para a promoção da justiça social e igualdade em um contexto municipal. Este plano é uma resposta proativa a desafios históricos relacionados à desigualdade racial, reconhecendo a necessidade de medidas concretas para superar disparidades sistêmicas e promover uma sociedade mais equitativa.

Um dos aspectos notáveis do Plano de Equidade Racial de Dallas é a abordagem abrangente que adota em relação a diversas áreas da vida urbana. Ele não se limita a políticas específicas, mas busca tocar em diferentes aspectos, desde o acesso à educação e saúde até oportunidades econômicas e justiça criminal. Essa abrangência reflete a compreensão de que a equidade racial não é uma questão isolada, mas uma rede interconectada de desafios que exigem soluções holísticas.

O plano também se destaca por seu compromisso com a transparência e responsabilidade. Ao definir metas mensuráveis e relatar regularmente seu progresso, a cidade de Dallas demonstra uma abordagem baseada em evidências para avaliar o impacto das políticas implementadas. Essa ênfase na prestação de contas não apenas fortalece a confiança da comunidade, mas também proporciona uma base sólida para ajustar estratégias e políticas à medida que a situação evolui.

Outro ponto de destaque é a ênfase na participação da comunidade. O plano foi desenvolvido com base em contribuições significativas de líderes comunitários, ativistas e cidadãos locais. Essa abordagem bottom-up assegura que as políticas sejam sensíveis às necessidades específicas da população afetada e que as soluções propostas se alinhem de maneira mais precisa com as realidades vivenciadas pelas comunidades racialmente diversas de Dallas.

A educação é um dos pilares centrais do Plano de Equidade Racial. Ao direcionar investimentos para melhorar a qualidade das escolas em comunidades historicamente marginalizadas, a cidade está trabalhando para eliminar as disparidades educacionais que frequentemente perpetuam ciclos de desigualdade. Isso não apenas beneficia as gerações presentes, mas cria um caminho para um futuro mais equitativo e inclusivo.

A abordagem de justiça criminal do plano também merece destaque. Ao reconhecer e abordar as disparidades na aplicação da lei e no sistema prisional, Dallas está enfrentando de frente questões que há muito tempo têm impactos desproporcionais nas comunidades de cor. Iniciativas voltadas para a reforma do sistema penal e a promoção da reabilitação sobre a punição exemplificam um compromisso com a transformação estrutural.

Além disso, o Plano de Equidade Racial demonstra um entendimento da importância da diversidade em todos os níveis de governo. Iniciativas para aumentar a representação de grupos historicamente sub-representados em cargos públicos indicam uma compreensão da necessidade de vozes diversas na tomada de decisões para garantir políticas mais inclusivas.

Em resumo, o Plano de Equidade Racial da Cidade de Dallas, Texas, serve como um farol de esperança e inspiração. Ele mostra que, mesmo diante de desafios complexos e históricos, é possível implementar mudanças significativas por meio de políticas públicas que abordam de maneira abrangente as questões de equidade racial. Esse exemplo não apenas beneficia a comunidade local, mas serve como um modelo para outras cidades enfrentarem suas próprias jornadas em direção a uma sociedade mais justa e inclusiva.

Capítulo

G

Governança para a Sustentabilidade

No vasto panorama da sustentabilidade empresarial, a letra "G" em ESG — Governança — emerge como a bússola que orienta o rumo das organizações na jornada para um futuro sustentável. Este capítulo explora o terceiro pilar do ESG, destacando a importância crítica da governança eficaz no contexto das práticas corporativas e como ela se entrelaça intrinsecamente com a busca por uma gestão responsável e ética.

Governança, muitas vezes associada a estruturas de tomada de decisões, normas éticas e responsabilidade corporativa, vai muito além de um simples conjunto de regras; é o alicerce sobre o qual repousa a integridade de uma empresa. A boa governança não apenas estabelece a direção estratégica, mas também nutre uma cultura organizacional que valoriza a transparência, a prestação de contas e a equidade.

Exploraremos como a governança corporativa transcende a esfera interna, exercendo influência sobre as interações com partes interessadas externas, desde acionistas até a comunidade global. A capacidade de uma empresa em equilibrar interesses diversos, promover a diversidade em suas estruturas de liderança e garantir a conformidade com normas éticas representa um indicador fundamental de sua governança eficaz.

Ao longo deste capítulo, vamos desvendar práticas inovadoras de governança que não apenas atendem aos padrões regulatórios, mas ultrapassam esses limites para abraçar a responsabilidade social e ambiental. Analisaremos como a governança impacta a gestão de riscos, influencia as estratégias de longo prazo e contribui para a criação de valor sustentável.

A governança bem-sucedida não é apenas uma caixa a ser marcada; é um compromisso contínuo com a integridade, a ética e a prestação de contas. Ao adentrar este capítulo, convidamos você a explorar o papel transformador da governança na forja de empresas resilientes, éticas e socialmente responsáveis. É mais do que um conjunto de diretrizes; é a narrativa que molda o destino das organizações na jornada ininterrupta em direção à sustentabilidade.

Redefinindo a Confiança Empresarial: O Papel Crucial da Governança e Ética nos Negócios

Em um mundo onde a confiança é um ativo valioso, empresas enfrentam o desafio significativo de redefinir e preservar essa confiança em um ambiente empresarial marcado por escândalos e práticas questionáveis. A confiança, uma vez perdida, torna-se uma mercadoria delicada e difícil de recuperar. Escândalos que envolvem práticas antiéticas e má governança não só impactam a reputação da empresa diretamente envolvida, mas também minam a confiança geral no ambiente de negócios como um todo.

A reconstrução dessa confiança desgastada exige uma abordagem proativa que vá além das correções superficiais. É aqui que a governança sólida e a ética nos negócios emergem como pilares fundamentais para redefinir a confiança empresarial. A governança eficaz não é uma questão de conformidade com regulamentações e uma declaração de compromisso com a transparência, responsabilidade e valores éticos que formam a espinha dorsal de uma empresa.

Ao redefinir a confiança empresarial, é imperativo que as organizações adotem práticas de governança que atendam às expectativas regulatóriase que vão além, estabelecendo padrões éticos elevados. A ética nos negócios não é uma opção; é um componente essencial que permeia todas as camadas da cultura organizacional. Ela se reflete na tomada de decisões, nas relações com partes interessadas, no tratamento dos funcionários e no compromisso com práticas sustentáveis.

A governança e ética nos negócios não devem ser vistas como um escudo contra escândalos futuros, mas sim um motor de inovação e crescimento sustentável. Empresas que incorporam esses princípios se posicionam como líderes confiáveis em seus setores. A confiança, é uma vantagem competitiva tangível.

Empresas que redefiniram a confiança empresarial se destacaram pela conformidade com regulamentações, e também pela liderança proativa na promoção de uma cultura de integridade. há vários casos de organizações que transformaram escândalos passados em oportunidades para implementar mudanças significativas em suas práticas de governança e ética, reconquistando a confiança perdida e construindo uma base sólida para o futuro. Vamos então compreender como a governança e ética nos negócios são imperativos morais, e estratégicos para sustentar e prosperar nos desafios dinâmicos do mundo empresarial.

A Busca pela Transparência: Navegando nas Águas da Era Digital

Na era digital, marcada por uma profunda interconectividade e acesso imediato à informação, a transparência emerge como um elemento crucial na construção e manutenção da confiança. O cenário empresarial contemporâneo testemunha uma crescente demanda por clareza e abertura por parte dos consumidores e investidores modernos. A busca pela transparência transcende a mera divulgação de dados; é um compromisso com a visibilidade completa sobre como as empresas operam, desde os processos de tomada de decisões até as práticas contábeis.

A transparência, nesse contexto, não é uma resposta à pressão externa, mas sim uma estratégia proativa para construir relacionamentos duradouros. Os consumidores, cada vez mais conscientes e informados, buscam empresas que ofereçam produtos ou serviços de qualidade, e que compartilhem abertamente suas práticas e valores. A transparência torna-se, portanto, uma ponte para estabelecer uma conexão mais profunda e autêntica com os stakeholders.

A era digital facilitou a disseminação instantânea de informações, aumentando a responsabilidade das empresas em manter um alto nível de transparência. A comunicação rápida e globalizada permite que as notícias, tanto positivas quanto negativas, se espalhem em questão de minutos. Diante desse cenário, as organizações que adotam uma abordagem transparente respondem a uma exigência do ambiente e se colocam como líderes éticos e confiáveis.

A transparência não se limita apenas à divulgação de resultados financeiros; abrange aspectos mais amplos da governança corporativa, ética nos negócios, práticas ambientais e sociais. Empresas que se comprometem com a transparência são desafiadas a compartilhar os sucessos, os desafios e as estratégias para superá-los. Essa abordagem franca cria um diálogo aberto que fortalece a confiança, mesmo em face de dificuldades.

Empresas líderes buscam e implementam práticas transparentes em suas operações. Não se vê a transparência somente como uma resposta às demandas externas, mas sim como uma ferramenta estratégica para aprimorar a reputação, atrair investimentos responsáveis e cultivar uma base sólida de consumidores leais. Vamos então compreender como, na era digital, a transparência é uma necessidade vital para empresas que buscam prosperar em um cenário empresarial cada vez mais consciente e interconectado.

Tomada de Decisões Estratégicas: A Importância Vital da Governança Eficaz

Na trama complexa da vida empresarial, a tomada de decisões estratégicas emerge como um campo de batalha onde o sucesso ou o fracasso são moldados. Nesse cenário dinâmico, a governança eficaz é um componente essencial que serve como bússola para orientar as escolhas cruciais que definirão o destino de uma empresa. Empresas dotadas de estruturas de governança sólidas cumprem as normas regulatórias e se destacam na capacidade de enfrentar os desafios dinâmicos do ambiente de negócios, tomando decisões que beneficiam além dos acionistas todas as partes interessadas.

A governança eficaz age como um guardião da integridade nas decisões estratégicas, promovendo a transparência e a responsabilidade. Ela cria um sistema de checks and balances que assegura que as decisões não sejam influenciadas apenas por interesses individuais, mas estejam sempre alinhadas com a visão de longo prazo e os valores fundamentais da empresa. Uma governança sólida implica em uma distribuição clara de papéis e responsabilidades, garantindo que as decisões sejam informadas, éticas e voltadas para a sustentabilidade.

A capacidade de uma empresa em tomar decisões estratégicas acertadas muitas vezes depende da eficácia de suas estruturas de governança. Conselhos de administração bem equilibrados, com uma combinação diversificada de experiência e perspectivas, desempenham um papel crucial nesse processo. A diversidade de vozes e experiências enriquece o processo decisório e reduz a probabilidade de decisões enviesadas e míopes.

A governança eficaz também está intrinsecamente ligada à gestão de riscos. Empresas que adotam uma abordagem proativa para avaliar e gerenciar riscos estão mais preparadas para tomar decisões informadas diante de incertezas. Ao fazerem isso protegem a empresa de potenciais crises e permitem que ela se posicione estrategicamente para aproveitar oportunidades emergentes.

Empresas líderes incorporam a governança em sua tomada de decisões estratégicas. De forma ágil e responsiva protegendo contra ameaças e capacitando-as a inovar e adaptar-se rapidamente às mudanças do mercado, estabelecendo assim que a governança não é um obstáculo à agilidade, mas sim um catalisador essencial que impulsiona as decisões que definem o sucesso a longo prazo.

Transparência e Accountability: Pilares da Governança Empresarial Responsável

A transparência, longe de ser uma mera formalidade ou resposta à pressão pública, se revela como um farol que ilumina os caminhos da responsabilidade e da accountability nas práticas empresariais. Empresas que adotam uma abordagem transparente em sua governança atendem a regulamentações e normas, e ainda erguem a bandeira da responsabilidade, construindo relacionamentos robustos com clientes, funcionários e investidores.

A transparência, nesse contexto, transcende a divulgação de informações; é uma declaração audaciosa de accountability, a prestação de contas sobre as ações e decisões da empresa. Ao abrir as cortinas sobre suas operações, as empresas demonstram um compromisso em agir de maneira ética, responsável e sustentável. Isso constrói confiança e estabelece um terreno fértil para a accountability, onde a empresa é responsável não apenas perante reguladores, mas perante todas as partes interessadas.

A accountability, no contexto da governança empresarial, refere-se à obrigação que uma empresa tem de prestar contas por suas ações e decisões. A transparência é a ferramenta que torna essa prestação de contas possível e tangível. Empresas que praticam a transparência são capazes de responder a questionamentos e críticas de forma aberta, fortalecendo a confiança em sua gestão e abrindo espaço para melhorias contínuas.

Essa abordagem transparente não é apenas benéfica do ponto de vista moral; tem implicações tangíveis nos relacionamentos comerciais. Clientes, cada vez mais conscientes e informados, valorizam empresas que não apenas entregam produtos ou serviços, mas também compartilham seus valores e práticas. A transparência, torna-se uma vantagem competitiva, atraindo consumidores que buscam marcas alinhadas com princípios éticos e sustentáveis.

A transparência também desempenha um papel significativo na atração e retenção de talentos. Funcionários desejam trabalhar em organizações cujos valores estejam alinhados com os seus próprios. Empresas transparentes comunicam seus valores, e mostram como estão traduzindo esses valores em ações tangíveis. Isso cria um ambiente de trabalho que promove a confiança, o engajamento e o senso de propósito.

A transparência e a accountability se entrelaçam na prática efetiva da governança empresarial. Empresas que divulgam informações e incorporam a transparência como um princípio fundamental em suas operações diárias, a compreendem como uma oportunidade para construir alicerces sólidos de confiança e responsabilidade em seu caminho para a sustentabilidade.

Cultura Ética: A Raiz Profunda da Integridade Empresarial

Na jornada em direção à sustentabilidade e responsabilidade, a ética nos negócios não é simplesmente uma formalidade a ser cumprida; é uma cultura a ser cultivada, uma semente plantada profundamente no solo fértil da mentalidade organizacional. Empresas éticas transcendem as obrigações, promovendo uma mentalidade que valoriza a integridade, a responsabilidade e a transparência em todos os níveis.

A cultura ética vai além de manuais de conduta e códigos de ética; ela faz parte do tecido da organização, influenciando como os funcionários pensam, decidem e agem. Ela começa no topo, com líderes que não apenas proclamam princípios éticos, mas que os vivem em seu comportamento diário. Uma liderança ética serve como farol, iluminando o caminho para uma cultura que valoriza a honestidade, a justiça e a responsabilidade.

Nas empresas éticas, a integridade não é negociável. É parte integrante das operações diárias e das relações com todas as partes interessadas. Essas organizações não veem a ética como um obstáculo às metas comerciais, mas como um catalisador para o sucesso sustentável a longo prazo. Elas reconhecem que, em um mundo cada vez mais interconectado, a reputação ética é um ativo valioso que impulsiona a lealdade do cliente, atrai talentos e constrói relações comerciais sólidas.

Uma cultura ética também se manifesta na maneira como as empresas lidam com desafios e crises. Em vez de buscar atalhos antiéticos para superar obstáculos, empresas éticas enfrentam adversidades com uma abordagem transparente e responsável. Essa postura preserva a confiança e fortalece ainda mais os laços com as partes interessadas que valorizam a honestidade em tempos difíceis.

Empresas líderes formulam políticas éticas e as vivem diariamente, incorporando a ética nos processos de tomada de decisão, na gestão de pessoas e no relacionamento com clientes e parceiros. A cultura ética responde a desafios e se torna um diferencial competitivo e duradouro. A ética nos negócios não é apenas uma escolha moral, mas uma estratégia vital para construir organizações resilientes e socialmente responsáveis.

Impacto Além dos Resultados Financeiros: Os Dividendos Inestimáveis da Ética nos Negócios

A ética nos negócios transcende a mera implementação de estratégias para evitar escândalos e sanções legais. Ela é a uma força motriz por trás de um impacto positivo que vai muito além dos números nos relatórios financeiros. Uma cultura ética resguarda a integridade da empresa, e molda um ambiente que influencia a satisfação dos funcionários, a lealdade do cliente e a percepção positiva da marca.

Em empresas éticas, os funcionários não veem a ética como uma formalidade imposta, mas como um compromisso compartilhado. Uma cultura ética nutre um ambiente de trabalho onde os valores fundamentais são respeitados, promovendo um senso de propósito e orgulho entre os colaboradores. Isso melhora o engajamento e contribui para a atração e retenção de talentos, formando equipes mais comprometidas e motivadas.

A lealdade do cliente, em um mundo onde escolhas abundam, é frequentemente conquistada por mais do que apenas produtos ou serviços de qualidade. Empresas que demonstram uma forte ética nos negócios conquistam a confiança de seus clientes. A transparência, responsabilidade social e práticas comerciais éticas atraem consumidores conscientes, e os fideliza criando uma base de clientes leais que veem a empresa como mais do que uma entidade comercial, mas como um parceiro comprometido com valores compartilhados.

A percepção da marca é moldada pela forma como uma empresa se posiciona no mundo, e a ética nos negócios desempenha um papel crucial nesse processo. Empresas éticas ganham o respeito da comunidade e da sociedade em geral. Essa percepção positiva se traduz em capital de marca, criando um ativo intangível que muitas vezes supera o valor dos resultados financeiros.

Além disso, empresas éticas estão melhor preparadas para enfrentar os desafios do ambiente de negócios em constante mudança. A integridade e a responsabilidade incorporadas na cultura organizacional não são apenas valores em tempos bons, mas são evidentes nas decisões difíceis e nos momentos de crise. Isso preserva a reputação e fortalece a resiliência da empresa diante dos ventos turbulentos do mercado.

Empresas líderes vão além dos resultados financeiros ao incorporar a ética nos negócios em sua cultura. Elas ilustram como a ética se torna um motor para o sucesso sustentável, gerando impacto positivo em funcionários, clientes e na comunidade em geral. A ética nos negócios é uma obrigação moral e uma estratégia essencial para criar organizações que prosperam além das métricas financeiras.

Reflexão Final

Além da Governança - Um Convite à Transformação Ética

À medida que exploramos os meandros da governança e ética nos negócios, é imperativo transcender a visão tradicional desses conceitos como meras formalidades corporativas. A governança eficaz e a ética nos negócios não devem ser percebidas como caixas a serem marcadas em uma lista de conformidade, mas como a espinha dorsal de uma transformação profunda e duradoura.

A governança sólida é a estrutura que sustenta uma empresa em sua jornada, proporcionando estabilidade e orientação. No entanto, quando casada com a ética, essa estrutura se torna uma força motriz de mudança positiva. A cultura ética é uma raiz profunda que nutre uma mentalidade organizacional comprometida com a integridade, responsabilidade e transparência.

A governança e ética nos negócios não se limitam a evitar escândalos e garantir conformidade legal; elas geram um impacto inestimável que se estende além dos resultados financeiros. Funcionários que encontram propósito em uma cultura ética não apenas cumprem suas funções, mas contribuem de forma significativa para os objetivos da empresa. Clientes que confiam na ética de uma empresa não apenas fazem compras, mas se tornam embaixadores leais.

A transformação ética não é uma jornada fácil, mas é uma jornada essencial. Ela exige comprometimento desde os níveis mais altos da liderança até cada funcionário em todos os departamentos. É um processo contínuo de avaliação, aprendizado e adaptação. No entanto, os dividendos dessa transformação são inestimáveis - uma empresa resiliente, sustentável e socialmente responsável.

Portanto, ao concluirmos este capítulo sobre governança e ética nos negócios, convido você a considerar não apenas as diretrizes e regulamentos, mas a essência transformadora desses princípios. Vamos refletir sobre como a governança e a ética podem moldar o destino financeiro de uma empresa e também seu impacto duradouro na sociedade e no mundo em que vivemos. Vamos vislumbrar a governança e a ética como ferramentas de conformidade fundamentais para uma jornada empresarial que transcende o sucesso financeiro, buscando um legado de integridade e impacto positivo.

O Colapso Ético

O Caso Lehman Brothers e a Sombra da Ganância Desenfreada

O colapso do Lehman Brothers em 2008 permanece como uma cicatriz duradoura no tecido do sistema financeiro global, servindo como um caso emblemático de má governança e práticas comerciais desonestas. O banco, outrora uma potência financeira, sucumbiu à sua própria teia de empréstimos imprudentes e estratégias enganosas, desencadeando uma onda de consequências que reverberou em todo o mundo.

Ao longo de muitos anos, o Lehman Brothers desempenhou um papel central na concessão de empréstimos para o setor imobiliário, fornecendo quantidades substanciais de capital para indivíduos que buscavam adquirir propriedades. Contudo, esse aparente sucesso estava enraizado em práticas de empréstimos arriscadas, pois o banco emprestava montantes significativos sem uma avaliação cuidadosa da capacidade dos mutuários de honrar suas dívidas.

A falha ética do Lehman Brothers tornou-se evidente quando a crise das hipotecas subprime atingiu seu auge. Os empréstimos pendentes do banco excediam seu capital disponível, colocando-o em uma posição perigosa de insolvência caso o mercado imobiliário enfrentasse uma retração, como inevitavelmente aconteceu. Em vez de enfrentar a realidade e buscar soluções responsáveis, o Lehman Brothers escolheu um caminho obscuro.

Para encobrir a situação crítica, o banco recorreu a acordos de recompra. Essa manobra envolveu a venda dos seus passivos a bancos sediados nas Ilhas Cayman, com a promessa de recomprá-los posteriormente. Essencialmente, o Lehman Brothers estava transferindo o fardo de seus ativos "em risco" para esconder a verdadeira extensão de sua exposição. Essa prática, embora legalmente questionável, ilustra uma clara falta de ética e transparência.

O caso Lehman Brothers destaca a ganância desenfreada e a busca imprudente por lucros a curto prazo, em detrimento da estabilidade a longo prazo. A falta de uma cultura ética e de governança responsável permitiu que o banco se envolvesse em práticas financeiras arriscadas, ignorando as advertências e desconsiderando as implicações éticas de suas ações.

O impacto do colapso do Lehman Brothers foi devastador. Além das perdas financeiras significativas, o evento desencadeou uma crise financeira global que afetou milhões de pessoas em todo o mundo, resultando em desemprego em massa, perdas de habitação e uma profunda desconfiança nas instituições financeiras.

O caso Lehman Brothers serve como um lembrete sombrio de como a falta de ética e governança deficiente em uma instituição financeira pode ter repercussões sistêmicas. Ele destaca a necessidade urgente de empresas adotarem práticas éticas, transparência e governança responsável para evitar não apenas sua própria ruína, mas também para preservar a estabilidade e confiança no sistema financeiro global.

PUMA

O Paradigma da Governança Responsável e Sustentável

No cenário corporativo, onde a busca por lucros muitas vezes parece sobrepor-se a considerações éticas e sustentáveis, a PUMA surge como um exemplo paradigmático de governança responsável. Esta empresa, renomada no universo do sportswear, não apenas lidera em inovação e design, mas também estabelece um padrão elevado quando se trata de integridade, transparência e responsabilidade social.

Transparência como Princípio Fundamenta: A PUMA adota uma abordagem transparente em suas operações, fornecendo informações detalhadas sobre suas práticas e impactos. Relatórios anuais e divulgações transparentes destacam não apenas os sucessos, mas também os desafios, mostrando um compromisso com a prestação de contas.

Compromisso com a Sustentabilidade: A PUMA destaca-se por incorporar a sustentabilidade em sua estratégia de negócios. Desde a cadeia de suprimentos até o design de produtos, a empresa procura reduzir seu impacto ambiental, promovendo práticas ecologicamente corretas e inovações sustentáveis.

Envolvimento com as Partes Interessadas: A governança responsável da PUMA não se limita ao conselho de administração, estendendo-se a todas as partes interessadas. A empresa promove um diálogo aberto com funcionários, clientes, acionistas e comunidades locais, garantindo que suas ações considerem as diversas perspectivas envolvidas.

Diversidade e Inclusão como Pilar: A PUMA reconhece a importância da diversidade e inclusão. Sua força de trabalho reflete uma variedade de origens e perspectivas, criando um ambiente que celebra a diversidade como um ativo vital para a inovação e o crescimento sustentável.

Ética na Cadeia de Suprimentos: A empresa se destaca por seu compromisso com a ética em toda a cadeia de suprimentos. Esforços contínuos são feitos para garantir que os trabalhadores em todas as fases da produção sejam tratados com justiça, recebam salários dignos e trabalhem em condições seguras.

Inovação para um Futuro Sustentável: A PUMA não apenas responde às expectativas atuais, mas antecipa as futuras, incorporando a inovação em sua visão de um futuro sustentável. Desde materiais ecologicamente corretos até designs que promovem durabilidade, a empresa procura liderar a indústria em direção a práticas mais sustentáveis.

Responsabilidade Social e Filantropia: Além de suas operações comerciais, a PUMA assume uma posição de responsabilidade social, envolvendo-se em iniciativas de filantropia que buscam melhorar as comunidades e o mundo em geral. Isso vai além do mero cumprimento de obrigações e demonstra um compromisso genuíno com o bem-estar social.

Liderança Engajada e Exemplar: A liderança da PUMA desempenha um papel crucial na promoção de uma cultura de governança responsável. Líderes engajados demonstram valores éticos, impulsionam iniciativas sustentáveis e inspiram toda a organização a adotar práticas alinhadas com a responsabilidade corporativa.

Adaptação às Mudanças Climáticas: Reconhecendo os desafios globais das mudanças climáticas, a PUMA ajusta suas operações e advoga por ações mais amplas para enfrentar esse problema. Essa postura proativa evidencia um compromisso com a sustentabilidade a longo prazo.

Compromisso Contínuo com a Melhoria: A governança exemplar da PUMA não é estática; é um compromisso contínuo com a melhoria. A empresa avalia regularmente suas práticas, ajusta estratégias conforme necessário e permanece receptiva às mudanças no cenário global.

Em resumo, a PUMA é uma empresa líder na indústria do sportswear, e também um farol de governança responsável. Ao demonstrar que o sucesso comercial pode coexistir harmoniosamente com a ética, a transparência e a sustentabilidade, a PUMA redefine o padrão para o que é possível alcançar no mundo corporativo quando valores éticos são colocados no centro da governança empresarial.

Conclusão

Navegando Rumo a um Futuro Sustentável

À medida que encerramos nossa jornada pelas páginas de "Destino ESG: Seguindo na Rota da Sustentabilidade Empresarial", é impossível ignorar a transformação que testemunhamos, não apenas nas práticas empresariais, mas na própria essência do tecido corporativo. Este livro foi uma exploração profunda das complexidades e promessas do ESG - Ambiental, Social e Governança - delineando um caminho claro para empresas de todos os portes se tornarem agentes de mudança positiva.

No capítulo ambiental, exploramos os desafios contemporâneos enfrentados pelo nosso planeta e as estratégias inovadoras adotadas por empresas conscientes. De desafios climáticos a práticas sustentáveis, as organizações agora compreendem que a preservação ambiental não é apenas uma escolha ética, mas uma necessidade vital para a prosperidade a longo prazo.

Na segunda parte, mergulhamos nas complexidades da responsabilidade social empresarial. A diversidade, inclusão, responsabilidade ampliada e resiliência empresarial foram os pilares que sustentaram nossas reflexões. Empresas que abraçam a diversidade não apenas atraem talentos, mas cultivam ambientes inovadores e resilientes.

Finalmente, na terceira parte, exploramos as águas da governança e ética nos negócios. Empresas exemplares, como a PUMA, tornaram-se faróis de como a transparência, ética e responsabilidade podem impulsionar o sucesso sustentável. Analisamos casos de má governança, como o colapso do Lehman Brothers, como lembretes vívidos dos perigos de se afastar desses princípios fundamentais.

"Destino ESG" não é apenas um livro; é uma bússola que aponta na direção de um destino comum - um futuro onde as empresas não são apenas lucrativas, mas também agentes ativos na construção de um mundo mais sustentável e equitativo. Em cada capítulo, destacamos a importância não apenas de cumprir as regulamentações, mas de abraçar a responsabilidade intrínseca de ser parte integrante de uma sociedade global interconectada.

Nossa jornada foi repleta de desafios, mas também de oportunidades para transformação. Empresas que enfrentam as mudanças climáticas, abraçam a diversidade, promovem a transparência e adotam práticas éticas não apenas sobrevivem - prosperam. Elas se tornam catalisadoras de um movimento mais amplo em direção a uma mentalidade empresarial que transcende o lucro imediato em favor de um impacto duradouro.

Ao fecharmos este livro, lançamos um chamado à ação. Cada página que viramos, cada conceito que exploramos, é um convite para que empresas de todos os lugares e setores abracem a jornada ESG. O destino da sustentabilidade empresarial está ao alcance, e é hora de alçar velas na direção de um futuro onde os negócios não são apenas destinos econômicos, mas destinos de impacto positivo.

O destino ESG está se desdobrando diante de nós, e as decisões que tomamos hoje moldarão o curso dos negócios amanhã. À medida que nos despedimos, mantemos a visão de um futuro onde empresas não são apenas agentes econômicos, mas também forças catalisadoras para um mundo mais sustentável, socialmente justo e eticamente responsável. Este é o nosso destino comum. Que cada empresa, grande ou pequena, aceite o desafio de seguir na rota da sustentabilidade empresarial - porque o futuro ESG é agora, e é um destino que vale a pena alcançar.

Glossário

- **ESG:** Environmental, Social, and Governance - um conjunto de critérios que as empresas adotam para avaliar seu impacto ambiental, social e práticas de governança.

- **CSR:** Corporate Social Responsibility - Responsabilidade Social Corporativa - uma abordagem na qual as empresas incorporam preocupações sociais e ambientais em suas operações e interações com partes interessadas.

- **SRI:** Socially Responsible Investments - Investimentos Socialmente Responsáveis - estratégias de investimento que levam em consideração não apenas o retorno financeiro, mas também o impacto social e ambiental.

- **Fast Fashion:** um modelo de negócios na indústria da moda que envolve a produção rápida e acessível de roupas, muitas vezes resultando em impactos ambientais negativos e condições de trabalho precárias.

- **Governança:** práticas e estruturas que orientam, controlam e definem as diretrizes para o comportamento das empresas.

- **Diversidade e Inclusão:** promover e valorizar a diversidade de origens, experiências e perspectivas, garantindo um ambiente inclusivo.

- **Transparência:** divulgação aberta e clara de informações, promovendo a responsabilidade e confiança.

- **Resiliência Empresarial:** capacidade de uma empresa se adaptar e se recuperar de desafios e crises, mantendo sua integridade e operações.

- **Governança Ética:** práticas e normas que garantem que as empresas ajam de maneira ética em todas as áreas de operação.

- **Cadeia de Suprimentos:** rede de organizações e atividades envolvidas na criação e entrega de um produto ou serviço.

- **Responsabilidade Ampliada:** ampliação do escopo da responsabilidade das empresas, incluindo preocupações sociais e ambientais.

- **Inovação Sustentável:** desenvolvimento de novos produtos, serviços ou processos que atendam às necessidades do presente sem comprometer as gerações futuras.

- **Cultura Organizacional:** conjunto de valores, crenças e comportamentos que formam a identidade de uma organização.

- **Mudanças Climáticas:** alterações a longo prazo nos padrões climáticos globais, muitas vezes relacionadas a atividades humanas.

- **Acordos de Recompra:** transações financeiras em que uma empresa vende ativos com o compromisso de comprá-los de volta em uma data futura.

- **Má Governança:** práticas de gestão e tomada de decisões que prejudicam a integridade e o desempenho de uma empresa.

- **Sustentabilidade Corporativa:** integração de práticas sustentáveis nas operações e estratégias de uma empresa.

- **Filantropia Empresarial:** contribuições financeiras e de recursos para causas sociais e ambientais por parte das empresas.

- **Bom Exemplo em Governança:** referência a empresas que adotam práticas éticas, transparentes e responsáveis em sua gestão e operações.

- **Mal Exemplo em Governança:** referência a empresas que, por meio de práticas antiéticas, contribuem para crises financeiras e danos à confiança do público.

- **Impacto Ambiental:** efeitos das atividades de uma empresa no meio ambiente, incluindo emissões de carbono, uso de recursos e poluição.

Epílogo

Implementando ESG na Prática

À medida que concluímos nossa jornada por "Destino ESG: Seguindo na Rota da Sustentabilidade Empresarial", o desafio agora reside na aplicação prática dos conceitos abordados. O ESG não é apenas um conjunto de princípios teóricos; é uma bússola que orienta as empresas em direção a um futuro mais sustentável, socialmente responsável e eticamente sólido. Aqui estão alguns exercícios práticos para ajudar na implementação eficaz do ESG em empresas e organizações:

1. Avaliação do Atual Impacto ESG:

- Conduza uma avaliação abrangente do impacto atual da empresa nos critérios ESG.

- Identifique áreas de melhoria em questões ambientais, sociais e de governança.

- Estabeleça indicadores-chave de desempenho (KPIs) específicos para medir o progresso.

2. Desenvolvimento de Políticas ESG:

- Crie políticas formais que abordem práticas ambientais, sociais e de governança.

- Integre essas políticas aos processos operacionais diários.

- Garanta a comunicação transparente dessas políticas a todas as partes interessadas.

3. Engajamento das Partes Interessadas:

- Identifique e envolva todas as partes interessadas relevantes, incluindo funcionários, clientes, acionistas e comunidades locais.

- Crie canais de comunicação para obter feedback e sugestões.

- Desenvolva estratégias para atender às expectativas e preocupações das partes interessadas.

4. Integração da Sustentabilidade na Cadeia de Suprimentos:

- Analise a cadeia de suprimentos para identificar oportunidades de melhorias sustentáveis.

- Estabeleça critérios ESG para fornecedores e parceiros comerciais.

- Colabore com fornecedores para melhorar a sustentabilidade em toda a cadeia.

5. Desenvolvimento de Programas de Diversidade e Inclusão:

- Implemente programas formais de diversidade e inclusão.

- Ofereça treinamento regular sobre diversidade para funcionários em todos os níveis.

- Monitore e avalie a diversidade nos cargos de liderança.

6. Inovação Sustentável:

- Crie um ambiente que promova a inovação sustentável.

- Incentive colaborações internas e externas para impulsionar a pesquisa e o desenvolvimento sustentáveis.

- Reconheça e recompense ideias inovadoras voltadas para a sustentabilidade.

7. Educação e Conscientização:

- Implemente programas educacionais sobre ESG para funcionários em todos os níveis.

- Organize eventos e campanhas para aumentar a conscientização sobre questões ESG.

- Fomente uma cultura organizacional que valorize a responsabilidade social e ambiental.

8. Auditorias ESG Regulares:

- Conduza auditorias regulares para avaliar a conformidade com as práticas ESG.

- Realize revisões independentes para garantir a integridade dos relatórios ESG.

- Use os resultados dessas auditorias para ajustar estratégias e políticas.

9. Estabelecimento de Metas e Compromissos Públicos:

- Estabeleça metas mensuráveis e alcançáveis para melhorar o desempenho ESG.

- Comunique essas metas publicamente para promover a transparência.

- Regularmente revise e ajuste as metas à medida que a empresa evolui.

10. Avaliação Contínua e Melhoria:

- Implemente um sistema contínuo de avaliação e melhoria.

- Esteja preparado para se adaptar às mudanças nas expectativas das partes interessadas e nos padrões do setor.

- Celebre sucessos e use desafios como oportunidades para aprendizado e inovação.

Ao incorporar esses exercícios práticos, as empresas podem não apenas adotar os princípios do ESG, mas também criar uma cultura organizacional resiliente, responsável e sustentável. O destino ESG está ao alcance, e a implementação eficaz dessas práticas não apenas define o curso para uma empresa, mas contribui para um impacto positivo duradouro na sociedade e no meio ambiente.

www.ingramcontent.com/pod-product-compliance
Lightning Source LLC
Chambersburg PA
CBHW062331290526
45794CB00005B/1984